Wanderspaß mit Kindern
Eifel

Sabine Parschau

Inhalt

Wandern in der Eifel 11

NÖRDLICHER TEIL

1. **Sieben auf einen Streich** 22
   Rund um die Villeseen

2. **Höhenfieber und Ritterburg** 26
   Die Buntsandsteinfelsen bei Nideggen

3. **Am See und auf dem See** 30
   Von Einruhr nach Rurberg

4. **Barrierefrei und abenteuerlich – das geht!** 34
   Der Wilde Kermeter

5. **Geschichte begreifen im Nationalpark Eifel** 38
   Die Wüstung Wollseifen und Vogelsang

6. **Architektonisches Meisterwerk in der Provinz** 42
   Zur Bruder-Klaus-Kapelle

7. **Das Rundum-sorglos-Paket für die ganze Familie** 46
   Die Steinbachtalsperre

8. **Ausflug ins Mittelalter** 50
   Rund um Bad Münstereifel

9. **Exkursion in die Steinzeit** 54
   Die Kakushöhle in Mechernich

10. **Den Bergleuten auf der Spur** 58
    Der Pingenwanderpfad

Inhalt

11 **Ku(h)lturlandschaft pur!** 62
Die Eifelschleife Milchweg

12 **Ganz schön schlau, die alten Römer** 66
Der Grüne Pütz

13 **Fossilien finden und Waldxylofon üben** 70
Der Löwenzahn-Erlebnispfad in Nettersheim

14 **Das Universum begreifen** 74
Das Radioteleskop in Effelsberg

15 **Auf berühmten Wegen quer durch die Weinberge** 78
Saffenburg und Rech

Schon kleine Kinder können beachtliche Strecken schaffen, wenn der Weg interessant genug ist.

Die Natur ist ein abwechslungsreicher Abenteuerspielplatz.

16	**Felsige Rundwanderung mit Panoramablicken** .... 82 Teufelsloch und Langfigtal	
17	**Mini-Haus und römische Villa** .... 84 Rund um die Ahrquelle in Blankenheim	
18	**Über magische Pfade zu Eichendorffs Felsen** .... 88 Lyrik am Düvelssteen	
19	**Voll auf dem Holzweg** .... 92 Der Moorpfad in Dahlem	
20	**Und der Vulkan – ist aktiv!** .... 96 Rund um den Laacher See	

Wissen   Der Nationalpark Eifel 100

Inhalt

DIE EIFEL IN BELGIEN UND LUXEMBURG

21 **Auf zu Napoleons Nase im wilden Warchetal** 104
Burg Reinhardstein und Wasserfall

22 **Auf Holzpfaden zum höchsten Punkt Belgiens** 108
Im Naturpark Hohes Venn

23 **Keine Sekunde Langeweile, versprochen!** 112
Auf dem Waldlehrpfad in Heppenbach

24 **Genuss pur: Brücken, Felsen, Wasser** 114
Der Bayehon-Wasserfall im Hohen Venn

25 **Einbahnstraße durch stockfinstere Felsspalten** 118
Kleine Runde um Consdorf

26 **Quer durch die Schluchten des Müllerthals** 122
Schiessentümpel und Eulenburg

SÜDLICHER TEIL

27 **Sehenswerte Laune der Natur** 128
Von der Nohner Mühle zum Wasserfall
Dreimühlen

28 **Vom Eifelturm die Vulkane im Blick** 132
Das Booser Doppelmaar

29 **Mittelalterliches Flair und Fachwerkkulisse** 136
Die Burgen von Monreal

30 **In die »Augen der Eifel« blicken** 140
Zu den Dauner Maaren

31 **Alpines Panorama mit geheimnisvoller Höhle** 144
Der Gerolsteiner Felsenpfad

32 **Mutige Höhlenforscher voraus!** 148
Die Birresborner Eishöhlen

33 **Wie im Märchen** 152
Traumpfad zur Burg Eltz

34 **Achtsam unterwegs** 156
Entlang der Kleinen Kyll in Manderscheid

35 **Mit der Hetschenkönigin auf Tour** 160
Der Määrchen-Naturwaldpfad am Holzmaar

36 **Ins Herz der Strohner Schweiz** 164
Zur Lavabombe nach Strohn

37 **Mitten durch die Lavaströme** 168
Die Elfengrotte in Bad Bertrich

Die Eifel: duftendes Heu und weiter Blick

Inhalt

38 **Nichts für schwache Nerven** 172
Der Calmonter Klettersteig

39 **Die teuflische Acht** 176
Teufelsschlucht und Irreler Wasserfälle

40 **Höhlen, Pützlöcher und Hängebrücken** 180
Abenteuer im Butzerbachtal

Wissen **Die Vulkane der Eifel** 184

Tourenüberblick 186

Register 190

Impressum, Touren- und Bildnachweis 192

Wanderzeit ist ungestörte Familienzeit.

Ein »Bad« im Herbstlaub gefällt auch den jüngsten Wanderern.

Gemeinsam wandern macht am meisten Spaß.

Wandern in der Eifel

Elfengrotte, Teufelsschlucht und Eishöhlen – die vulkanische Vergangenheit der Eifel hat ein Wanderparadies für entdeckungsfreudige Kinder geschaffen. Dabei geht es an Flussufern entlang, bergauf und bergab, buchstäblich über Stock und (Vulkan-)stein, auf den auch geklettert werden darf. Sportliche Kinder dürfen sich also herausgefordert fühlen. Aber auch weniger bewegungsfreudige Kinder haben in der Eifel viele Möglichkeiten, mit Spaß in der Natur aktiv zu werden.

Bei allen Unternehmungen ist es wichtig, Kinder nicht zu überfordern. Zu weit, zu anspruchsvoll, zu wenige Pausen und das falsche Picknick: Schnell kann die erste Wanderung auch die letzte sein, die Kinder freiwillig antreten. Die Touren in diesem Buch sollen der ganzen Familie Spaß machen. Die Altersangaben und Gehzeiten helfen dabei, die richtige Tour zu finden. Mit den Infos zu Einkehr- und Spielmöglichkeiten und den vielen anderen Freizeittipps können Sie ganz einfach Ihr Ausflugspaket für einen Tag, ein Wochenende oder einen Urlaub in der Eifel schnüren.

Pfefferminzbonbon oder Gallapfel?

Was schafft mein Kind?

Die Altersangaben und Gehzeiten liefern eine erste Orientierung, was ein durchschnittlich trainiertes Kind schaffen kann. Eher als die Kondition spielt aber die Motivation eine entscheidende Rolle für die Tagesverfassung. Wer heute problemlos acht Kilometer gelaufen ist, mag morgen an der ersten Steigung keinen Schritt mehr tun. Klar ist aber auch, dass ein Vierjähriger

Diese Pilze schauen wir besser nur an.

unmöglich das Pensum eines zehnjährigen Kindes schaffen kann. Routinierte Kinder werden sicher einige Touren deutlich schneller als angegeben bewältigen. Je mehr es zu sehen und zu erleben gibt und je größer die Gruppe ist, umso mehr Zeit sollten Sie einkalkulieren. Letztlich wissen Sie als Eltern sicher am besten, was Sie Ihrem Kind und sich selbst zutrauen möchten, um einen entspannten Wandertag zu erleben. Planen Sie nicht zu ambitioniert und lieber zu viel als zu wenig Zeit ein. Wem der drohende Einbruch der Dunkelheit im Nacken sitzt, bringt sich und seine Kinder unnötig

Wandern in der Eifel

in Stress. Bei uns hat sich die Faustformel bewährt: Gehzeit plus mindestens die Hälfte drauf ergibt die Gesamtzeit.

Motivation fördern

Greifen Sie schon bei der Tourenplanung ein bisschen in die Trickkiste der Motivationsförderung: Manchmal kann ein leckeres Picknick über ein kleines Formtief helfen. Fast immer ein Garant für fröhliche Kinder ist es, Freunde

Wenn es viel zu sehen gibt, bleibt der Ausflug garantiert in guter Erinnerung.

der Kinder mitzunehmen. Eigentlich immer gilt zudem: Der Weg macht's. Kaum ein Kind wandert gerne über breite, geteerte Forststraßen Kehre um Kehre bergauf – Erwachsene übrigens auch nicht. Über schmale Pfade, Fels und Stein oder gar über einen Fluss sieht die Sache ganz anders aus. Die Eifel bietet ein unerschöpfliches Reservoir an abenteuerlichen Touren. Zugleich gibt es viele Wege, die sich auch für geländegängige Kinderwagen oder Laufräder eignen, ohne dabei langweilig zu sein. In diesem Buch sind, wenn möglich, Varianten angegeben, sodass die Tour entsprechend dem Alter

Ihrer Kinder gegangen werden kann. Seit der ersten Auflage 2019 sind in der Nordeifel viele örtliche Rundwanderwege als sogenannte Eifelspuren und Eifelschleifen angelegt worden. Versehen mit klangvollen Namen laden sie zu längeren und kürzeren Erkundungen in der Natur ein. Die Nachauflage dieses Buches berücksichtigt die neuen Markierungen.

Tourencharakter

Alle Touren in diesem Buch sind grundsätzlich problemlos zu bewältigen. Entsprechend der Gehzeiten und dem Charakter der Touren sollten aber eine gewisse Grundkondition sowie Trittsicherheit und Ausdauer vorhanden sein. Viele der Wanderungen eignen sich für einen ausgedehnten Vor- oder Nachmittag. Ideal, um eine weitere Attraktion gleich mitzunehmen: hier ein Museum, da ein Freizeitbad, dort eine Burg.

Ein Wort zur Anfahrt

Leider ist der öffentliche Nahverkehr in der Eifel nicht so gut ausgebaut, dass ich Familien guten Gewissens grundsätzlich die Bus- oder Bahnfahrt empfehlen kann. Die meisten Touren lassen sich in einem zeitlich vertretbaren Aufwand nur mit dem Auto realisieren. Dort, wo es gute Alternativen gibt, sind sie aufgeführt. Dabei habe ich auch berücksichtigt, wie lange eine Bus- oder Bahnfahrt gegenüber der Autofahrt dauert und auf eine Angabe verzichtet, wo mir der Aufwand zu lang schien. Wer schon einmal mit einem müden, quengeligen Kleinkind eine Stunde auf einen Bus warten musste oder die Hälfte der Wanderung gehetzt ist, um ebendiesen noch zu erwischen, weiß, wovon ich spreche …

Achtung, Achtung!

Worauf sollten Sie achten, wenn Sie mit Ihren Kindern wandern gehen? Kinder sollen sich beim Wandern frei bewegen dürfen. Der Reiz vieler Wanderungen in der Eifel liegt auch darin, durch Höhlen zu gehen, auf Vorsprünge zu klettern oder ein Bachbett zu durchqueren. Trauen Sie Ihren Kindern ruhig etwas zu. Das kostet uns Eltern auch ein Stück Überwindung, keine Frage. Es soll sich ja niemand verletzen.

Besprechen Sie vorab wichtige Regeln, an die sich Ihre Kinder halten müssen: Grundsätzlich bestimmt der Langsamste – meist das jüngste Kind – das Tempo. Ältere dürfen zwar vorgehen, müssen aber an Weggabe-

Toben und auf Bäume klettern: Hier kommen auch Kleine ganz groß raus.

»Wenn ich groß bin, werde ich mal Bäuerin!«

lungen warten und stets in Hör-, besser noch in Sehweite bleiben. An kritischeren oder sehr steilen Passagen gehen stets Erwachsene voraus! In diesem Buch sind solche Stellen immer beschrieben, sodass Erwachsene »vorgewarnt« sind.

Droht ein Gewitter, sollte die Tour möglichst rasch beendet werden. Ist es dafür zu spät, gilt es, exponierte Punkte zu meiden und sich von hohen, allein stehenden Bäumen, Drahtseilen oder Aussichtspunkten fernzuhalten.

Ausrüstung

Für die Touren in diesem Buch reichen feste, gut eingelaufene Schuhe meist aus. Wer häufig wandern geht, sollte über die Anschaffung knöchelhoher, wasserdichter Wanderschuhe nachdenken, die auch hervorragend als Winterschuhe geeignet sind und selbst in gebrauchtem Zustand immer Abnehmer finden.

Ansonsten ist eine Wanderung in der Eifel keine Expedition ins Ungewisse. Dennoch sollten einige Dinge griffbereit im Rucksack liegen. Dazu zählt

Wandern in der Eifel

»Auch schon da?« Die Erwachsenen haben mal wieder getrödelt.

eine Erste-Hilfe-Box für kleine Unfälle und ein Stück Schnur. Letztere hat uns schon wertvolle Dienste beim notdürftigen Reparieren von Schuhen oder Rucksäcken geleistet. Nasskaltes Wetter ist selten schön, aber ohne wetterfeste Kleidung schnell auch gefährlich. Unterschätzen Sie nicht die Sonneneinstrahlung in der Eifel und denken Sie an Sonnencreme und Kopfbedeckung. Für alle Touren, die direkt am Wasser vorbeiführen, empfehle ich für jüngere Kinder dringend Wechselkleidung. Nicht unbedingt notwendig, aber mitunter hilfreich ist sogenannte Funktionskleidung, die schnell trocknet.
Nehmen Sie immer einen Stoffbeutel mit – Sie werden ihn oft brauchen, um die vielen Schätze in Form von Steinen, Früchten oder Tannenzapfen zu transportieren, die Ihre Kinder unterwegs sammeln.
Einige Utensilien helfen außerdem, eine Wanderung zum Erlebnis zu machen: Hierzu zählen Taschenmesser, ein Fernglas oder ein Smartphone. Letzteres bietet nicht nur eine gewisse Hilfe in Notsituationen, sondern leistet auch gute Dienste beim Navigieren, Tourenaufzeichnen oder Fotografieren – Tätigkeiten, die auch Kinder sehr gerne übernehmen.

Wer nicht mehr gehen mag, wird vielleicht ein Stück getragen.

Pausen

Ohne Pausen keine Wanderung. Genießen Sie es, draußen zu sein und zu essen, auch wenn die Wanderung nicht unbedingt eine »Mahlzeit« erfordert. Sparen Sie dabei vor allem nicht an Getränken, auch wenn der Rucksack schwerer wird. Verlassen Sie sich nie ausschließlich auf Einkehrmöglichkeiten. Sie sind für dieses Buch zwar sorgfältig recherchiert, dennoch kann es kurzfristige Änderungen geben. Kindern ein Eis am Kiosk unterwegs versprechen, der dann wegen Pächterwechsel geschlossen hat? Der Tag ist gelaufen, die Wanderung sowieso. Hungrig weiterlaufen, weil auch der geplante Bratwurst-Stopp nun ausfällt? Noch schlechter.

Die Covid-19-Pandemie hat die Recherche im Jahr 2020 zusätzlich erschwert. Angaben zu Öffnungszeiten können sich kurzfristig ändern. Wir alle hoffen, dass die angegebenen Einkehrziele auch im Jahr 2021 und darüber hinaus Gäste empfangen können. Zur Sicherheit empfehle ich aber dringend, vorab anzurufen und die aktuellen Bedingungen zu klären.

Was aber gehört zu einer ordentlichen Brotzeit? Ganz einfach: Alles, was schmeckt und mit vertretbarem Aufwand getragen werden kann. Gerne darf es gesund sein: Nüsse sind ein sehr guter und schneller Energiespender. Obst und Gemüse, mundgerecht geschnitten, oder ein leckeres Stück Käse oder Wurst machen unterwegs glücklich. Schokolade oder einige Kekse gehören bei uns immer in den Rucksack – für alle Fälle, die dann spätestens auf der Rückfahrt auch eintreten … Als Getränk empfiehlt sich vor allem Wasser. Aber auch ungesüßte Tees löschen gut den Durst und wärmen unterwegs. Weniger geeignet sind Saftschorlen oder Limonaden und gänzlich unnötig sind sogenannte Energydrinks oder -riegel.

Und wer soll das alles tragen? Bei jüngeren Kindern werden das wohl die Eltern übernehmen. Aber wer – wie in unserem Fall – als Großfamilie unterwegs ist, wird schnell die Lasten verteilen: Jedes Kind kann seinen Proviant nebst Getränk ab etwa sechs Jahren selbst tragen – am liebsten im selbst ausgewählten Rucksack.

Ich wünsche Ihnen ganz viel Spaß und eine anregende Familienzeit mit Ihren Kindern in der Eifel!

Manchmal kommt es auf die Perspektive an.

Nördlicher Teil

Sieben auf einen Streich

RUND UM DIE VILLESEEN

Sieben Gewässer an einem Tag? Klingt nach einem Mammutprojekt. Ist es aber nicht. Denn die Weiher und Seen liegen so dicht zusammen, dass teilweise nur ein Pfad dazwischen passt.

Wir starten auf dem gut ausgebauten Weg, der links neben dem Strandbad beginnt, und folgen den Hinweisschildern zum Weiher. Links, hinter Büschen halb versteckt, können wir den im Mai mit Seerosen überwachsenen Karauschenweiher schon bald sehen. Ein kleiner Pfad führt uns direkt ans Ufer. Zurück auf dem Hauptweg folgt gleich auf der rechten Seite der zweite Weiher.

Die Kinder sind nun zuversichtlich, dass auch die anderen fünf Seen an einem Tag zu schaffen sind. Dort, wo der Weg eine Kurve nimmt, halten wir uns geradeaus und folgen dem Weg A 1. Dieser führt auf schmalem Pfad direkt am Ufer des Liblarer Sees entlang. Wer mit dem Kinderwagen unter-

leicht — 8,3 km — 2.30 Std. — 40 m

Tourencharakter Sehr leichte Wanderung auf breiten, fast ebenen Wegen, für Kinderwagen geeignet. **Altersempfehlung** Ab 5 Jahren **Ausgangs-/Endpunkt** Parkplatz am Liblarer Strandbad, Seestraße 3, Erftstadt-Liblar **GPS-Daten** 50.824111, 6.834194 **Anfahrt** A 61 bis Erftstadt, dann über L 265 Richtung Hürth zum Liblarer See. **Einkehr** Kiosk am Campingplatz, Waldbiergarten (Öffnungszeiten unter www.waldbiergarten.eu) **Ausrüstung** Mücken- und Sonnenschutz, Fernglas, Badesachen, eventuell Wechselkleidung wegen der Nähe zum Wasser **Karte** Freizeitkarte »Brühl und die Villeseen« des Naturparks Rheinland **Information** Naturpark Rheinland, Lindenstraße 20, 50354 Hürth, Tel. 02233/710 07 77, www.naturpark-rheinland.de

Lauschige Bänke laden zum Verweilen ein.

wegs ist, folgt der Kurve ein Stück und biegt dann rechts auf den breiteren Hauptweg ein.

Zumindest die Füße können wir Wanderer an diesem Abschnitt immer wieder kurz ins Wasser halten. Die Kinder wetteifern im Stöcke Werfen und Steine Flitschen. Aus der Ferne schauen wir den Seglern auf dem Wasser zu. Herrlich! Allerdings rächt es sich spätestens jetzt, wenn man auf Mücken- und Sonnenschutz verzichtet hat!

Der Waldpfad mündet auf den Hauptpfad, dem die Kinderwagen-Schieber ohnehin schon gefolgt sind und führt auf breitem Weg weiter zum Parkplatz der Wassersportfreunde Liblar. Wir folgen der asphaltierten

Baden im See

Auch wenn Ihr die sieben Seen sicher an einem Tag schafft: Direkt am Liblarer See gibt es einen Campingplatz – und ein kostenpflichtiges Freibad mit Sandstrand. Ansonsten ist das Baden im See leider offiziell verboten.

Zufahrtsstraße zum Vereinsgelände noch ein Stück leicht bergan. Nach dem Parkplatz Grubenweg sind wir fast schon am Waldbiergarten. Am Biergarten vorbei gehen wir in Richtung Eisenbahnunterführung (Richtung Brühl, Brühler Heide). Dann halten wir uns rechts und folgen dem Wanderschild nach Weilerswist. An der nächsten Kreuzung geht es nach links. Unser nächstes Ziel, der Obersee, ist nur noch 400 Meter entfernt. Wir kommen noch an einer Bank vorbei, an der wir links abbiegen und dann geht es bergab zum Wasser auf schmalem Pfad. Eine Bank lädt müde Eltern zum Pausieren ein.

Stöcke werfen, Steine flitschen und die Seele baumeln lassen – Urlaubsfeeling pur!

Vor lauter Entspannung dürfen wir nun das Zählen aber nicht vergessen, denn es geht Schlag auf Schlag. Wir folgen dem Weg noch ein Stück und biegen dann rechts ab in Richtung Mittel-/Obersee. Nun sind wir kurz zwischen den beiden Seen und können mit Ober- und Mittelsee Nummer vier und fünf abhaken. Am Ende des Weges geht es nach links und auf schmalem Pfad durch schönen Buchenwald zum sechsten See, dem Untersee. Den nächsten Abzweig nehmen wir links, dann geht es rechts auf breitem Weg und schließlich wieder links zum letzten See für heute, dem Franziskussee. Auf zwei Inselchen tummeln sich viele Vögel. Wir umrunden den See, bis wir auf einen breiten Weg mit vielen Hinweisschildern stoßen. Hier geht es nun rechts in Richtung Brühl und an der nächsten Gabelung links. Unter einer Brücke und über ein Stück Straße kommen wir wieder zum Kassenhäuschen des Parkplatzes am Strandbad und Campingplatz.

Die Wanderung um die Villeseen bietet immer wieder Spielmöglichkeiten direkt am Wasser.

 Höhenfieber und Ritterburg

DIE BUNTSANDSTEINFELSEN BEI NIDEGGEN

Die gewaltige Burgruine Nideggen und die bizarren Kletterfelsen des Effels sind die Highlights dieser spannenden Wanderung. Rund um die Burg laden Geschäfte und Cafés zum Bummeln ein.

Durch das Zülpicher Tor starten wir geradeaus durch die Fußgängerzone und dann links über die Kirchstraße auf Kopfsteinpflaster bergauf zur Burgruine. Im Bergfried ist ein kleines Museum, das wir uns nicht entgehen lassen möchten. Von der Burg aus dem 12. Jahrhundert bieten sich atemberaubende Ausblicke auf die Umgebung. Wir verlassen den Burghof wieder und biegen nach dem Tor links auf einen schmalen Pfad, der uns in einem Bogen auf dem »Entdeckungspfad« um die Burg herumführt. An einer Gabelung gehen wir links und folgen der Buntsandsteinroute in Richtung Effelsbach/Heimbach. Wir kommen an einer Bank und einem etwas abseits vom Weg

mittel 5 km 2 Std. ↑ 115 m ↓ 130 m

Tourencharakter Spannende Wanderung, bei der es viel zu sehen gibt. Trittsicherheit erforderlich. **Altersempfehlung** Ab 5 Jahren **Ausgangs-/Endpunkt** Parkplatz am Zülpicher Tor, Zülpicher Straße **GPS-Daten** 50.688306, 6.484083 **Anfahrt** Auto: A 1 bis Erftstadt, Richtung Zülpich auf B 265, dann L 33 nach Nideggen. Von der A 4 Abfahrt Düren, dann B 56 Richtung Euskirchen und Nideggen. Bus: ab Düren Linie 221 bis Nideggen-Mitte. **Einkehr** Proviant mitnehmen, Einkehr in Nideggen und auf der Burg möglich. **Burgmuseum** Geöffnet Di. bis So. 10–17 Uhr, Eintritt: Familien 6 € **Karte** Wanderkarte Nr. 2 des Eifelvereins **Information** Rureifel Tourismus, An der Laag 4, 52396 Heimbach, Tel. 02446/80 57 90, www.rureifel-tourismus.de

Höhenfieber und Ritterburg

Von der Burgruine Nideggen hat man einen guten Ausblick.

gelegenen Aussichtspunkt vorbei. Am Heimersteiner Brunnen vorbei gelangen wir zu einem Felsen mit Bank. Von hier können wir sehr schön mit Blick auf die Eifellandschaft rund um Brück ausruhen. Dann macht der Weg einen scharfen Knick. Nach einigen Stufen geht es über Stock und Stein, leicht bergauf und bergab und vorbei an einer etwas unterhalb liegenden Schutzhütte. Wir bleiben auf dem etwas breiteren Pfad und ignorieren alle Abzweige. Ein altes Schild mit dem Hinweis auf einen »Rundweg« passieren wir noch, dann zweigt der Weg nach rechts ab. Linker Hand können wir nun an einem großen, aber nicht sonderlich einladenden Picknickplatz rasten. Wer

Der Effels

Die bis zu 30 Meter hohen Buntsandsteinfelsen am Effels sind vor etwa 200 bis 225 Millionen Jahren entstanden. Die meisten stehen unter Naturschutz. Deshalb darf nur an ausgewiesenen Stellen mit Erlaubnis geklettert werden.

Spannend zu beobachten sind die Kletterer am Effels.

Höhenfieber und Ritterburg

möchte, kann an dieser Stelle die Wanderung abkürzen und gleich nach Nideggen zurückkehren.

Wir wollen aber weiter und bleiben deshalb auf dem Entdeckungspfad. Bald türmen sich links die mächtigen roten Buntsandsteinfelsen auf – wir sind am Effels. Kletterer können wir keine sehen, von Höhenfieber keine Spur. Schon sind die Kinder etwas enttäuscht, da taucht links ein Holzgeländer auf. Dahinter erheben sich mächtige Felsen und tatsächlich – hier hängen die Kletterer mittendrin. Fasziniert schauen wir zu, wie sich die Sportler scheinbar mühelos an den Felsen hochziehen. »Das ist ja viel cooler als in der Kletterhalle!«, findet unser Jüngster.

Bald macht der Weg einen Knick, wir informieren uns an einer Schautafel noch über die Tiere und Pflanzen, die sich rund um die sonnenverwöhnten Felsen des Rurtales wohl fühlen. Den restlichen Weg hoffen wir nun darauf, wirklich eine (ungefährliche) Schlingnatter zu finden. Das klappt zwar nicht, aber zumindest huscht mit der Mauereidechse ein Mini-Dinosaurier an uns vorbei. In der Kehre geht es nun bergauf zum Aussichtspunkt »Effelsdach«. Am Eifelblick vorbei bleiben wir auf dem Hauptpfad, auch wenn ein gesichertes Wegstück nach links einladend wirkt. Schließlich kommen wir in einer Biege vor einem Haus heraus. Hier geht es nun links abwärts, bis wir wieder auf den Parkplatz von vorhin treffen.

Nun geht es rechts bergauf an einem Bienenhotel vorbei durch einen Skulpturenpark, bis wir dann wieder am Parkplatz sind.

Entdeckungspfade

Rund um das historische Städtchen Nideggen verlaufen drei kürzere Entdeckungspfade. Kombiniert ergibt sich eine schöne Tagestour (ca. 10 Kilometer).

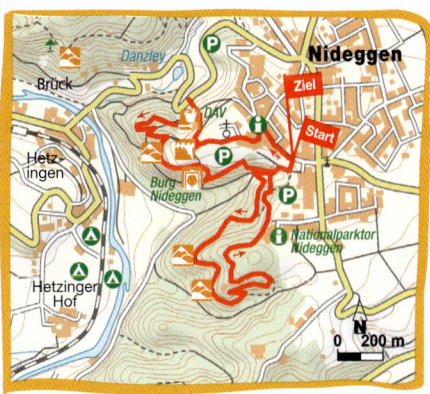

3 Am See und auf dem See

VON EINRUHR NACH RURBERG

Hier stimmt alles für einen gelungenen Sonntagsausflug. Der Weg ist leicht zu gehen und bietet wunderschöne Aussichten auf die Eifeler Seenplatte. Ein großer Kinderspielplatz am Anfang und die Aussicht auf eine Schifffahrt am Ende der Tour motivieren zusätzlich. Wem das nicht reicht: Badesachen einpacken und in Einruhr oder Rurberg schwimmen gehen!

Über die Brücke geht es zum Seeweg. Dieser führt uns zunächst auf befestigtem Weg an Weiden und Feldern entlang. Weiter geht es durch lichten Wald etwas oberhalb des Obersees, den wir aber fast immer gut sehen können. Schließlich führen einige Kurven steil vom Ufer weg. Hier sind starke Arme gefragt, wenn ein Kinderwagen im Spiel ist und zwischendurch mal angehoben werden muss.

leicht | 6 km | 2 Std. | 34 m

Tourencharakter Leichte Wanderung, auch mit Kinderwagen gut möglich. **Altersempfehlung** Ab 4 Jahren, durchgängig kinderwagentauglich **Ausgangs-/Endpunkt** Einruhr, Parkplatz direkt an der Brücke oder auf ausgewiesenen Parkplätzen im Ort sowie an der Bundesstraße. Die Runde kann auch andersherum mit Start in Rurberg gegangen/gefahren werden. **GPS-Daten** 50.581833, 6.379335 **Anfahrt** A 1 bis Nettersheim, dann Richtung Kall B 477, links ab auf B 266 Richtung Gemünd und weiter nach Einruhr. **Schiff** Rursee-Schifffahrt, www.rurseeschifffahrt.de, Achtung: letztes Schiff nicht verpassen und über Saisonzeiten informieren! **Ausrüstung** Eventuell Badesachen und Decke für den Strand, Fernglas **Karte** Wanderkarte Nr. 2 des Eifelvereins **Einkehr** In Einruhr und Rurberg, Snacks und Getränke auf dem Schiff **Information** Nationalpark-Tor Rurberg, Seeufer 3, 52152 Rurberg, Tel. 02473/937 79, www.rursee.de

Die wenigen Höhenmeter sind schnell geschafft.

Abwechslungsreicher Weg mit schönen Blicken auf den Obersee

Kleine Hindernisse überwinden – für Kinder ein Riesenspaß!

Am See und auf dem See

Auf einem schönen Pfad geht es nun weiter, bis wir an eine Straße kommen, die wir überqueren. Geradeaus gehen wir über den Staudamm. Am Ende liegt links das modern gestaltete Nationalparktor Rureifel mit vielen Informationen und einer sehenswerten kostenlosen Ausstellung. Nebenan sonnen sich Badegäste im wunderschön gelegenen Naturfreibad. Wir haben diesmal keine Badesachen dabei. Rasten können wir trotzdem direkt am Wasser, nämlich gegenüber dem Nationalparktor. Schuhe aus, Socken aus ... wer muss da noch ans Meer! Nur die Aussicht auf die Schifffahrt kann uns heute überhaupt noch dazu bewegen, den Strand zu verlassen.

Wir gehen wieder zurück über den Staudamm und halten uns dann links. Über einen Parkplatz auf dem Staudamm Paulushof zwischen Rur- und Obersee laufen wir zum Schiffsanleger. Auf dem Oberdeck genießen wir die sonnige und dank Elektromotor fast lautlose Fahrt und obwohl das Schiff langsam fährt, sind wir viel zu schnell wieder in Einruhr. Nun müssen wir uns entscheiden: Besuchen wir erst noch den Spielplatz oder gehen wir besser gleich ein Eis essen?

Alternative

Wer noch etwas weiter gehen (und später länger Schiff fahren) möchte, kann ab Rurberg auch bis zur Urfttalsperre (ca. 4 Kilometer) wandern und von dort mit dem Schiff zurückfahren. Fährt kein Schiff, führt ab Rurberg auch über den oberhalb verlaufenden Wanderweg Nummer 6 eine schöne Strecke.

4 Barrierefrei und abenteuerlich – das geht!

DER WILDE KERMETER

Neudeutsch könnte man sagen: Diese Tour ist ein »Must-have« auf der »To-do«-Liste Eifel: Die Runde mit Balance-Parcours bringt nämlich richtig Spaß und nebenbei erfahren wir auch noch viel Wissenswertes über den Nationalpark Eifel.

Vom Parkplatz gehen wir geradeaus zu den Picknicktischen und Toiletten und halten uns dann in Richtung Schwarzes Kreuz. Dort angekommen wählen wir den etwas links liegenden Weg, können aber auch den breiten Hauptweg nehmen. Unser nächstes Ziel ist der Aussichtspunkt Hirschley. Die dichten Buchen entlang des Weges spenden im Sommer viel Schatten und bieten im Frühjahr und Herbst reizvolle Lichtspiele. Auf Infotafeln, die auch in Blindenschrift verfasst sind, erfahren wir vieles über das National-

| leicht | 5 km | 1.45 Std. | 67 m |

Tourencharakter Absolut spannende Wanderung, kann mit allem befahren werden, was Räder hat. Barrierefrei mit Blindenleitsystem. **Altersempfehlung** Ab 3 Jahren **Ausgangs-/Endpunkt** Parkplatz am Wilden Weg **GPS-Daten** 50.616261, 6.435769 **Anfahrt** Über die Kermeter-Hochstraße (L 15) zwischen Schleiden-Gemünd/-Wolfgarten und Heimbach-Schwammenauel. Mit dem Bus 231 über die barrierefreie Haltestelle am Bahnhof Heimbach bzw. Gemünd Mitte, montags bis freitags ganzjährig, von Ostern bis Mitte Oktober auch an Wochenenden und Feiertagen. Zusätzlich fährt der Bus »Mäxchen« an Wochenenden und Feiertagen von Mai bis Mitte Oktober. **Einkehr** Keine, aber unzählige Rast- und Sitzmöglichkeiten **Karte** Wanderkarte Nr. 50 des Eifelvereins **Information** Nationalparkverwaltung Eifel, Urftseestraße 34, 53937 Schleiden, Tel. 02444/951 00, www.nationalpark-eifel.de

Beeindruckende Baumriesen mitten im Nationalpark

Viele Sinnesliegen laden dazu ein, den Geräuschen des Waldes zu lauschen.

Barrierefrei und abenteuerlich - das geht!

parkkonzept. Unterwegs finden wir zur Entspannung unzählige Ruheliegen und Bänke.

Der Blick von der Hirschley auf den Rursee ist überwältigend schön. Blinde können an einem Landschaftsmodell die Gegend ertasten – das ist natürlich auch für sehende Kinder sehr interessant! Wir folgen dem Weg weiter und kommen leicht aufwärts wieder am Schwarzen Kreuz heraus. Hier gehen wir links zurück, biegen aber kurz vor dem Startpunkt links auf einen Pfad ein. Nun wird es über 1,6 Kilometer abenteuerlich und buchstäblich hinter jeder Kurve wartet eine Überraschung auf uns: Wir sind auf dem Wilden Weg. Überragend ist ein langer Balance-Parcours über Baumstämme und Stege, den man aber auch barrierefrei umgehen kann. Wir können Pilze vergleichen und lernen Käfer an ihren Fraßspuren erkennen. Wir bestaunen und befühlen Kunstwerke der

Von der Hirschley hat man eine fantastische Sicht auf den Rursee.

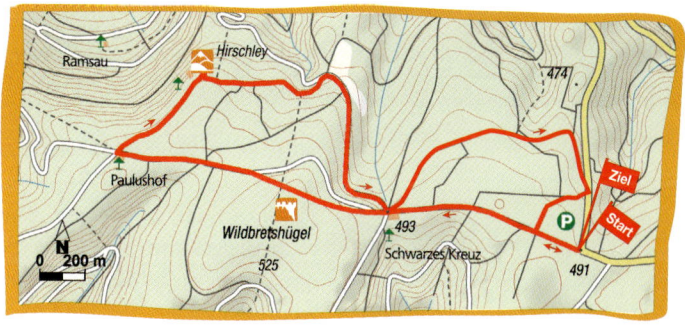

Natur und spazieren durch einen riesigen hohlen Baum. Über einen mehr als 200 Meter langen Hochsteg durch naturbelassenen Wald verlassen wir den Weg und kommen nach links wieder zum Parkplatz. Als kürzere Variante können wir auch nur den Wilden Weg gehen. Danach wollen die Kinder jeden Tag wandern gehen!

5 Geschichte begreifen im Nationalpark Eifel

DIE WÜSTUNG WOLLSEIFEN UND VOGELSANG

Es gibt nur wenige Wanderstrecken, die teils unberührte Natur mit Zeugnissen der jüngeren deutschen Vergangenheit kombinieren. Der hier beschriebene Rundweg ist besonders für ältere Kinder höchst spannend. In dem stillen, verlassenen Wollseifen und auf dem gigantischen Gelände der ehemaligen NS-Ordensburg Vogelsang ist Geschichte förmlich greifbar! Nicht nur jüngere Kinder genießen den einfachen Weg mitten durch den Nationalpark Eifel.

leicht | 8,5 km | 2.45 Std. | 136 m

Tourencharakter Einfache Wanderung, aber aufgrund der geschichtlichen Dimension trotzdem keine leichte Kost! **Altersempfehlung** Ab 5 Jahren **Ausgangs-/Endpunkt** Parkplatz Walberhof an der B 266 oder kostenpflichtig (4 €) auf dem Gelände des Forum Vogelsang IP **GPS-Daten** 50.568130, 6.436217 **Anfahrt** Über die B 266 aus Einruhr bzw. Gemünd. Ab Kall mit Nationalpark-Shuttle SB 82 oder ab Simmerath mit der SB 63. **Einkehr** Auf dem Gelände des Vogelsang IP, Proviant mitnehmen. **Karte** Wanderkarten Nr. 4 oder 50 des Eifelvereins **Information** Nationalpark Eifel, Urftseestraße 34, 53937 Schleiden, Tel. 02444/951 00, www.nationalpark-eifel.de

Am Parkplatz biegen wir an der Rastbank links ein und folgen dann auf breitem Schotterweg nach rechts dem Radweg, vorbei an einem verlassenen Gebäude. In der Kurve verlassen wir den breiten Weg und folgen einem Pfad geradeaus bis zur Straße, die wir queren. Bald erscheint der Wegweiser »Eifelsteig«, dem wir nun etwa 1,6 Kilometer bis Wollseifen folgen. Der Weg führt über die karge Dreiborner Hochfläche mitten durch den Nationalpark auf breiten Wegen mit einigen Infotafeln. Rechts können wir gut den Bergfried der einstigen NS-Kaderschmiede Vogelsang sehen. Schil-

Geschichte begreifen im Nationalpark Eifel

Jede Tafel wird gelesen. Die Kinder sind vom Schicksal der Dorfbewohner tief berührt.

der mahnen, den markierten Weg nicht zu verlassen, denn das Gebiet gehörte bis Ende 2005 zum militärischen Sperrgebiet und war Teil des Truppenübungsplatzes. Besonders bei älteren Kindern kommen nun viele Fragen auf, erst recht, wenn die kleine Kapelle am ehemaligen Ortseingang passiert wird. Sie ist eines von vier historischen Gebäuden, die von dem Dorf Wollseifen noch übrig sind.

Planwagen und Rangertour

Von April bis Oktober kann die Dreiborner Hochebene jeden ersten und dritten Sonntag mit einer Kutsche erkundet werden. Infos unter Tel. 0177/447 80 41. Wer möchte, kann sich am Wochenende auch einer kostenlosen Rangertour anschließen.

Das Gelände der ehemaligen NS-Ordensburg Vogelsang kann besichtigt werden.

Über die alte Dorfstraße nähern wir uns der Wüstung, es geht vorbei an Obstbäumen und Ginsterbüschen. Am alten Schulgebäude mit Ausstellung führt der Weg geradeaus weiter. Wir ignorieren den ersten Pfad nach rechts Richtung Vogelsang und folgen dem zweiten (gleichzeitig Eifelsteig) ebenfalls nach rechts. Doch bevor wir das Dorf verlassen, erkunden wir die

Die NS-Ordensburg Vogelsang

In dem Gebäudekomplex wollte die NSDAP ihren Führungsnachwuchs ausbilden. 1939 kam es kriegsbedingt zu einem Baustopp. Die Bildungsstätte blieb unvollendet, zählt aber mit rund 100 Hektar bebauter Fläche zu den größten Baudenkmälern der NS-Zeit. Nach dem Zweiten Weltkrieg waren hier zunächst britische Soldaten stationiert. Ab 1950 diente sie dem belgischen Militär als Truppenübungsplatz. Die Bundesrepublik Deutschland hat 2006 das Gelände zurückerhalten. Heute zählt Vogelsang zu einem der meistbesuchten Orte in der Eifel. Eine Ausstellung und Führungen informieren über die Geschichte der Anlage.

Geschichte begreifen im Nationalpark Eifel

Wüstung, gehen einmal durch die verlassene Straße und zur Kirche, dem zweiten erhaltenen Gebäude, das an das ehemals rege Dorfleben erinnert. Dann geht es wie beschrieben Richtung Vogelsang. Wir passieren das ehemalige Trafohäuschen und kommen an eine Kreuzung, hier biegen wir links ab. Nun geht es problemlos etwas bergauf.

Oben angekommen fühlen wir uns ganz klein angesichts des monumentalen, bombastischen Baustils, der uns entgegenschlägt. Hier ging es darum, Macht und Herrschaft zu demonstrieren. Wir spazieren auf dem Gelände umher, ein ausgewiesener Pfad hilft uns dabei, die Orientierung nicht zu verlieren. Am Besucherzentrum vorbei verlassen wir schließlich das Gelände über die unglaublich breite Straße und wandern zunächst direkt an der Straße (praktisch ohne Verkehr), dann rechts daneben auf einem kleinen Pfad an alten Kasernengebäuden des Camp Schelde vorbei zum Parkplatz zurück.

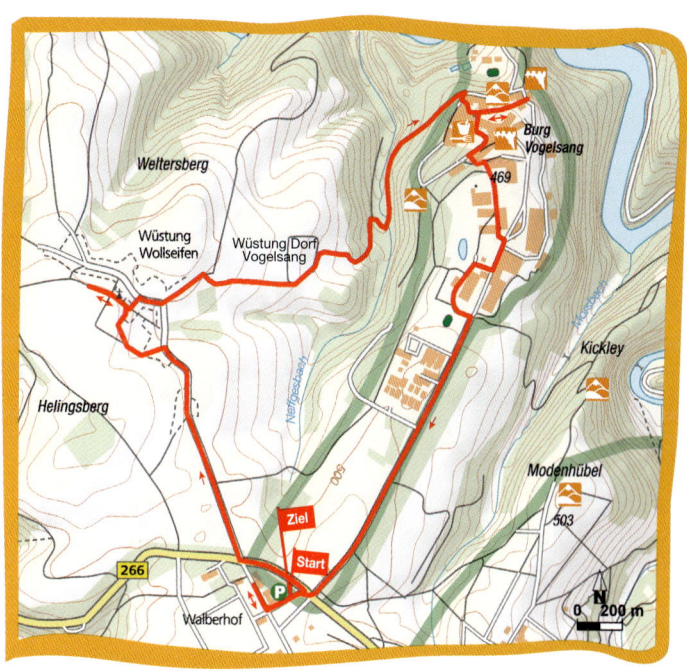

 Architektonisches Meisterwerk in der Provinz

ZUR BRUDER-KLAUS-KAPELLE

Der Rundweg mit Besichtigung der Feldkapelle ist bei uns mindestens zweimal im Jahr ein Muss. Das architektonische Meisterwerk des Architekten Peter Zumthor zieht nämlich auch Kinder in seinen Bann. Ganz nach dem Motto: Doch, auch Kapellen können interessant sein …

leicht · 6 km · 1.45 Std. · 125 m

Tourencharakter Einfache Wanderung, nicht nur für Architekturfans! **Altersempfehlung** Ab 5 Jahren **Ausgangs-/Endpunkt** Parkplatz Bruder-Klaus-Kapelle am Sportplatz **GPS-Daten** 50.599580, 6.735104 **Anfahrt** A 1 bis Münstereifel, dann Richtung Holzheim/Weiler a. B. (L 499), weiter nach Rißdorf und Lessenich, hier in der Ortsmitte rechts abbiegen Richtung Wachendorf. Hinweisschilder zum Parkplatz. **Einkehr** In Wachendorf im Bauershof, www.bauershof.com **Karte** Wanderkarte Nr. 5 des Eifelvereins **Information** Nordeifel Tourismus GmbH, Bahnhofstraße 13, 53925 Kall, Tel. 02441/99 45 70, www.nordeifel-tourismus.de **Infos zur Kapelle** www.feldkapelle.de

Am Parkplatz ignorieren wir alle Hinweisschilder zur Kapelle und gehen zunächst durch den Ort bis zum Almweg, in den wir einbiegen. Hier führt zunächst eben, dann leicht ansteigend ein asphaltierter Weg aus dem Dorf hinaus. Erst einmal sind wir aber so richtig mittendrin im Eifler Dorfleben: Rechts eine offene Halle mit verschiedenen landwirtschaftlichen Maschinen und Geräten, vor uns Wiesen und Weiden, und dann liegt da noch dieser spezielle Duft in der Luft … Leicht ansteigend führt der breite Weg durch lichten Wald. Wir ignorieren alle Abzweige, bis wir an eine Weggabelung kommen. Hier steht eine Bank, die wir für eine kurze Rast nutzen, denn Bänke sind auf der heutigen Tour Mangelware. Links

Knorrige Bäume sorgen für Abwechslung.

Mitten im Feld steht das architektonische Highlight.

ragt das Radioteleskop auf dem Stockert bei Eschweiler über den Bäumen hervor. Wir biegen aber rechts ab und bleiben auf dem breiten Weg, der nun leicht bergab geht. Vorbei an Streuobstwiesen lassen wir dem Weg folgend den Röttgerhof links liegen und biegen an der Gabelung nach dem Hof rechts ab. Kurz darauf halten wir uns an einer weiteren Gabelung rechts. Von einer Kapelle ist bislang weit und breit nichts zu sehen – und dann rückt sie plötzlich nach einer Anhöhe ins Sichtfeld.

Bloß: Wer vorher noch keine Bilder gesehen hat, wird kaum ahnen, dass das Ziel fast erreicht ist. Denn die Bruder-Klaus-Kapelle ist wirklich einzigartig. Das fängt schon bei der Silhouette an: Keine Kirche in klein liegt vor uns, sondern ein fensterloser, zwölf Meter hoher Bau, der nach oben offen ist. Licht, Luft, Regen und Schnee können hier eindringen, auf dem Boden bildet sich dann eine kleine Pfütze. Gewidmet ist der Sakralbau dem heiligen Nikolaus von Flüe – genannt Bruder Klaus.

»Sieht hier drinnen aus wie eine Mischung aus Indianerzelt und Höhle«, flüstert unsere jüngste Tochter. Ich finde: Sie hat recht. Die verwendeten Materialen stammen alle aus der Region: 112 Fichtenstämme wurden wie zu einem Zelt aneinandergestellt und von außen mit Stampfbeton überzogen. Das war in der Eifel bis in die 1950er-Jahre ein üblicher Baustoff. Drei Wochen trocknete das Ganze mit einem Köhlerfeuer, dann wurden die

Weithin sichtbar: das historische Radioteleskop auf dem Stockert

Stämme entfernt. Weil im nahen Mechernich früher Blei abgebaut worden ist, wurde auf dem Boden eine Bleilegierung aufgetragen. Entstanden ist ein karger und zugleich magischer Andachtsraum, der zur Ruhe und Besinnung einlädt. Besonders an Wochenenden ist das allerdings schwieriger, denn die privat von einem Ehepaar aus dem Ort beauftragte Kapelle ist ein internationaler Besuchermagnet geworden.

Nach der Kapelle kommen wir nochmals an einer Bank vorbei und laufen auf geradem Weg auf ein landwirtschaftliches Gebäude zu. Hier biegen wir links ab und sind nach etwa zehn Minuten am Parkplatz.

 Das Rundum-sorglos-Paket für die ganze Familie

DIE STEINBACHTALSPERRE

Rund um die mitten im Wald gelegene Steinbachtalsperre wird es nie langweilig. Der Seeuferweg bietet schöne Aussichten aufs Wasser und ist steigungsfrei – Laufräder und Kinderwagen haben ein leichtes Spiel. Wem das nicht reicht, der kann sich auf dem Abenteuerspielplatz am Ende der Tour austoben oder ein paar Runden im Waldfreibad schwimmen.

leicht · 3 km · 1 Std. · 16 m

Tourencharakter Leichte Wanderung, die auch die Kleinsten mühelos schaffen. Im Sommer ideal mit Schwimmbad zu verbinden. Hier ist immer viel los! **Altersempfehlung** Ab 4 Jahren, durchgängig kinderwagentauglich **Ausgangs-/Endpunkt** Parkplatz an der Steinbachtalsperre, kostenpflichtig im Sommer (2 €), bei heißem Wetter spätestens ab Mittag sehr voll. Dann Ausweichparkfläche auf der gegenüberliegenden Straßenseite. **GPS-Daten** 50.586979, 6.828821 **Anfahrt** A 1 bis Wisskirchen, Richtung Satzvey, dann über Arloff und Kirchheim der Beschilderung zur Steinbachtalsperre folgen. Mit Beginn der Freibadsaison wird das Waldfreibad täglich mehrfach durch die Buslinie 870 der SVE angefahren. **Ausrüstung** Für die Wanderung keine. Für den Spielplatz unbedingt Wechselsachen mitnehmen sowie bei kühlerem Wetter Matschhose und Gummistiefel für die Jüngeren. Im Sommer reicht eine Badehose. Schwimmsachen für das Waldfreibad im Auto deponieren. **Öffnungszeiten** Spielplatz ganzjährig geöffnet, kein Eintritt. Das Waldfreibad öffnet Anfang Mai bis Anfang September, Mo. bis Fr. 11–20 Uhr, Sa. und So. 10–20 Uhr. In den Ferien tägl. 10–20 Uhr; Telefon (während der Saison): 02255/65 20. **Einkehr** Waldgaststätte Steinbach mit Brauerei und Biergarten; Kiosk am Spielplatz **Information** Nordeifel Tourismus GmbH, Bahnhofstraße 13, 53925 Kall, Tel. 02441/99 45 70, www.nordeifel-tourismus.de

Das Rundum-sorglos-Paket für die ganze Familie

Der größte Teil des Weges verläuft durch Schatten spendenden Wald.

Vom Parkplatz orientieren wir uns links Richtung Waldgasthaus Steinbach. Wir kommen zwischen der Steinbachtalsperre (rechts) und einem kleinen Nebensee direkt am Waldschwimmbad vorbei. Links führen einige Stufen am Waldgasthaus vorbei, oberhalb gut sichtbar verläuft unser Weg. Unser Markierungszeichen ist die Eifelschleife »Auf Tuchmachers Fährte«. Der Name erinnert daran, dass das Wasser aus

Der Abenteuerspielplatz

Nicht entgehen lassen dürft Ihr Euch den Abenteuer- und Matschspielplatz am Ende der Tour. Ein riesiger Sandspielplatz mit künstlichem Bachlauf, Staustufen, Baggern und Wasserspiralen wartet darauf, von Euch entdeckt zu werden. Kleine Kinder aber unbedingt im Auge behalten wegen des recht tiefen Wassergrabens auf dem Spielplatz.

Blick auf den Stausee

der Talsperre einst der Versorgung der Euskirchener Tuchindustrie diente. Wir gehen nun im Uhrzeigersinn um den See herum. Ein bequemer Weg führt mehr oder weniger direkt am Ufer entlang. Abenteuerlustigere Wanderer erkunden parallel auf dem ökologischen Lehrpfad gemäß der Markierung das Gelände.

Bald schon kommen wir zur Dammkrone. Wunderschön glitzert das Wasser in der Sonne. Kein Wunder, dass das Gebiet rund um die Talsperre vielen Großstädtern als gut erreichbares Naherholungsziel dient. Am ganzen See ist aber nur Gucken, Träumen und maximal Angeln erlaubt. »Wildes Baden«, Bootfahren und Surfen sind verboten.

Packt die Badehosen ein

Im Sommer solltet Ihr einen Besuch im Waldfreibad einplanen. Das künstlich angelegte Becken ist größer als ein Fußballfeld. Es gibt auch ein Nichtschwimmer- und Kleinkinderbecken, eine Rutsche, ein Wassertrampolin und einen Fünfmeter-Sprungturm. Sehenswert sind zudem die denkmalgeschützten Umkleiden aus der Vorkriegszeit!

Der kurze Weg lässt keine Langeweile aufkommen.

Durch ein Stückchen Wald haben wir den See bald umrundet und lange vor den Erwachsenen haben die Kinder schon den Abenteuerspielplatz auf der linken Seite entdeckt. Weil die ganze Runde nur etwa eine Stunde dauert, haben wir bis auf eine Notration Äpfel und eine Flasche Wasser keinen Proviant dabei. Vom Spielplatz sind es aber nur noch wenige Meter die Straße geradeaus bis zum Parkplatz. Im Auto warten die Utensilien für den zweiten Teil des Ausflugs: Schwimmbad, Picknick, Spielplatz. Wer möchte, kann in den umliegenden Waldgebieten die Tour beliebig ausdehnen oder auf einem der zwei nahe liegenden Wanderparkplätze die Runde verlängern. Dort ist das Parken auch kostenlos.

8 Ausflug ins Mittelalter

RUND UM BAD MÜNSTEREIFEL

Ein Ritterschwert und ein Ball sind auf dieser Tour von Vorteil: Denn beim Gang über die historische Stadtmauer fühlt man sich fast ins Mittelalter versetzt. Im Kurpark dagegen gibt es viel Platz zum Toben!

Wir gehen am Golfhotel vorbei in den Wald. Auf leicht ansteigendem Weg kommen wir an ein Holzschild, das uns in den etwa einen Kilometer entfernten Damwildgarten leitet. Wenige Minuten später rätseln wir vor einem Schild »Ringwallanlage Alte Burg«, wo diese wohl sein könnte. Kurz darauf zweigt rechts, nach dem Hinweis auf die karolingische Fliehburg, ein kaum erkennbarer Pfad 50 Meter nach oben ab. Unter einer Metallkuppel finden sich die Mauerreste des Burgturms. Die Kinder entdecken nun überall verwitterte Mauersteine und auch den Wall kann man zumindest erahnen. Ansonsten ist das Gelände stark überwuchert und dem Verfall preisgegeben. Aber zum Spielen und selbstständigen Erkunden eignet sich das Terrain umso besser. Zurück auf dem Hauptweg kommen wir an einer Schutzhütte vorbei, an der wir uns geradeaus halten und nicht dem Knick nach rechts folgen.

| leicht | 5 km | 1.45 Std. | 19 m |

Tourencharakter Sehr leichte Wanderung mit vielen Highlights besonders für jüngere Kinder, sehr gut mit Kinderwagen machbar. Im Damwildgarten sind keine Hunde erlaubt! **Altersempfehlung** Ab 4 Jahren **Ausgangs-/Endpunkt** Kostenfreier Parkplatz an der B 51 (Kreuzgässchen). Mit dem Zug bis Bahnhof Bad Münstereifel, dann die Tour ab hier starten. **GPS-Daten** 50.555750, 6.767306 **Anfahrt** A 1 Abfahrt Bad Münstereifel, dann B 51 Richtung Euskirchen, Parkplatz rechts kurz nach dem Kreisel. **Einkehr** Viele Möglichkeiten im historischen Stadtkern **Karte** Wanderkarte Nr. 7 des Eifelvereins **Information** Touristinformation Bad Münstereifel, Kölner Straße 13, 53902 Bad Münstereifel, Tel. 02253/54 22 44, www.badmuenstereifel.de

Vom Wehrgang blickt man auf den alten Stadtkern.

Nun geht es leicht bergab und wir entdecken links das Damwild. Am Ende des Waldweges biegen wir am Schlagbaum scharf links Richtung Kurpark ab und betreten nun den Damwildgarten. Die Tiere laufen frei herum, besonders für jüngere Kinder ein echtes Erlebnis, das aber mit dem nötigen Respekt vor den Tieren genossen werden sollte. Wir verlassen das Gehege und halten uns geradeaus. An einem Schlagbaum vorbei kommen wir zum Kurpark. Wir folgen dem unteren Weg nach links zum Spielplatz. Hier können sich die Kinder nach Herzenslust austoben und im Winter auch rodeln (Wanderparkplatz gegenüber auf der anderen Straßenseite). Nach einer langen Rast geht es durch den Kurpark weiter. Wir queren ein Brückchen, halten uns links und kommen nach einem kleinen Weiher an einem stark verfallenen Gebäude vorbei: dem alten Parkhotel. Entlang des Bachlaufs auf der linken Seite

Ab ins Wasser

Ihr könnt noch einen Abstecher ins Eifelbad machen, wenn Euch das Städtchen mit City-Outlet-Betrieb zu quirlig wird. Dort gibt es zum Beispiel eine Riesenrutsche! Im Sommer könnt Ihr Euch auch im Kurpark an der Stadtmauer an den Wasserspielen abkühlen.

Abenteuer in der Natur erleben

führt der Pfad aus dem Kurpark hinaus. Nun folgen wir links der Schleidtalstraße, passieren die Unterführung der B 51 und biegen links in die Kölner Straße ein. Vorbei am Bahnhof wandern wir durch das Werther Tor, eines von insgesamt vier Stadttoren. Wir gehen sofort rechts entlang der Mauer bis zum Ende der Gasse. Die Aussparungen in der Stadtmauer bieten für die Kinder willkommene Spielgelegenheiten. Wir verlassen den Innenstadtkern nach rechts, passen aber gut auf, denn wir teilen uns das schmale Sträßchen mit Autos. Direkt außerhalb der Mauer geht es nach links auf einem Fußweg in den zweiten Kurpark. Nun wandern wir entlang der mächtigen Stadtmauer, bis wir links das Holzgeländer des Wehrgangs entdecken.

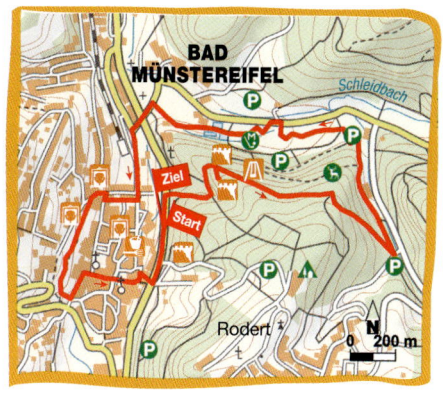

Wer mit dem Kinderwagen unterwegs ist, bleibt auf dem Weg im Kurpark und schlägt am Ende nach links durch das Heisterbacher Tor den Weg in die gleichnamige Straße ein.

Die Ritter und Abenteurer machen sich natürlich daran, den Wehrgang zu erkunden. Von oben bietet sich ein schöner Blick auf die Stadt. Die Kinder interessiert das ehrlicherweise nicht besonders, da sie die Stadtmauer gerade gegen Eindringlinge verteidigen. Über steile und nach Regen rutschige Holzstufen beenden wir unseren Gang über die Stadtmauer. Unten angekommen halten wir uns links und stehen ebenfalls in der Heisterbacher Straße. An einem Brunnen vorbei folgen wir der Straße nach rechts. Vorsicht! In der Einbahnstraße können uns Autos entgegenkommen. Nach wenigen Metern entdecken wir rechts ein markantes rotes Gebäude mit echtem Pranger, das Rathaus. Gut, dass wir unseren Kopf noch mal aus der Schlinge ziehen können. Am Marktplatz mit Brunnen gehen wir über die Erftbrücke und folgen der Straße »Delle« am St.-Michael-Gymnasium vorbei aufwärts. Dann verlassen wir über das Johannistor die Stadt und kommen nach links zurück zum Parkplatz.

9 Exkursion in die Steinzeit

DIE KAKUSHÖHLE IN MECHERNICH

Die Kakushöhle ist eine der ältesten Behausungen in der Nordeifel. In ihr haben schon Neandertaler Zuflucht gesucht. Unser Rundweg führt mitten durch die Karstfelsen, ab und an heißt es »Kopf einziehen«, obwohl die Höhle eine der größten begehbaren in der Eifel ist.

Direkt am Wanderparkplatz beginnt neben dem Café der Wanderweg, der uns an Infotafeln vorbeiführt. Bis zur Großen Höhle ist der Weg sogar barrierefrei, danach allerdings nicht einmal mehr kinderwagentauglich. Wir kommen an einem rustikalen Grillplatz vorbei und stehen dann schon direkt vor dem Höhleneingang. Der Innenraum ist acht mal zehn Meter groß und etwa fünf Meter hoch. Unsere Wanderung führt durch die Höhlen hindurch.

leicht   3 km   1.15 Std.   ↑ 114 m ↓ 123 m

Tourencharakter Einfache, dabei sehr spannende Wanderung, festes Schuhwerk unbedingt erforderlich.   **Altersempfehlung** Ab 4 Jahren   **Ausgangs-/Endpunkt** Wanderparkplatz Kakushöhle an der B 477   **GPS-Daten** 50.544258, 6.660955   **Anfahrt** Auto: A 1 bis Abfahrt Nettersheim, dann über B 477 durch Weyer, am Ortsende Wanderparkplatz (beschildert). Bus: RVK-Bus 830 bis Dreimühlen.   **Karte** Wanderkarte Nr. 5 des Eifelvereins   **Einkehr** Café »Zur Kakushöhle«, Mechernich-Dreimühlen, www.cafe-kakushöhle.de, direkt am Parkplatz, Öffnungszeiten beachten!   **Preise** Der Eintritt in die Höhle ist kostenlos.   **Information** Touristikagentur Mechernich, Bergstraße 1, 53894 Mechernich, Tel. 02443/49 43 21, www.mechernich-eifel.de

Den Neandertalern auf der Spur

Die Kakushöhle ist schon für ganz kleine Wanderer interessant ...

Eine Taschenlampe ist nicht erforderlich. Aber es macht natürlich Spaß, ein wenig in die Ecken zu leuchten, ohne allerdings die Fledermäuse zu stören! Planen Sie unbedingt genügend Zeit für den Aufenthalt in der Höhle ein, es lohnt sich! Die Höhle ist gut zu begehen, allerdings stellenweise nur 1,30 Meter hoch, also: Kopf einziehen und kleine Kinder besser aus der Trage nehmen. Wem Höhlen zu gruselig sind, der kann auch vor dem Eingang rechts um die Höhle über einen Treppenpfad bergab und dann wieder bergauf um die Höhle herumgehen. Ein ausgewiesener kleiner Rundweg (0,6 Kilometer) führt auf schönem Pfad mit kleinen Anstiegen zum Café zurück. Wir aber halten uns nach der Höhle leicht rechts, wo der Rundweg nach links abzweigt und biegen dann rechts auf einen kurzen schmalen Pfad ab, der

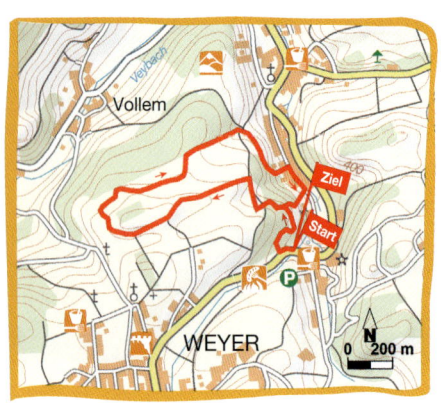

… erst recht aber für größere Höhlenforscher.

auf eine Wiese zuläuft. Hier halten wir uns rechts entlang der Wiese, dann in den Wald und hier links auf einen breiten Weg, dem wir nun ein ganzes Stück folgen. Der Weg wird zu einem schönen Graspfad. Wir ignorieren den ersten großen Abzweig links und folgen dem Weg so lange, bis es rechts mit Hinweis Wanderweg A 1 abgeht. Dort, wo wir eine asphaltierte Straße kreuzen, biegen wir rechts ab und an der nächsten Kreuzung wieder rechts auf die Straße »Zur Kakushöhle«. Nach wenigen Metern biegt der Weg unmittelbar an einem Haus rechts ab, aufpassen! Nun geht es über Stufen wieder hinauf und schließlich kommen wir seitlich an der Höhle wieder heraus. Entweder links oder über den Rundweg rechts kommen wir zum Ausgangspunkt zurück.

Höhlenbewohner

Rund um die Kakushöhle soll der Riese Kakus einst sein Unwesen getrieben haben. Der große Herkules hat ihn schließlich in einer legendären Steinschlacht in die Flucht geschlagen. Ob's stimmt? Sicher ist auf jeden Fall, dass in der Höhle schon Neandertaler gewohnt haben. Archäologen fanden nämlich viele Steinwerkzeuge, Tierknochen und Feuerstellen. Heute leben in der Höhle nur noch Fledermäuse.

10 Den Bergleuten auf der Spur

DER PINGENWANDERPFAD

Der Erzabbau spielte in der Eifel früher eine bedeutende Rolle. Auf dieser Wanderung erfahren wir, wie die Menschen das wertvolle Gestein gefunden und mühsam dem Boden abgerungen haben.

Direkt am Rathaus können wir uns an Tafel 1 über den Wegverlauf informieren. Wir folgen dem Logo des Weges – der 2020 neu angebrachten Eifelspur »Pingenwanderweg« – und erreichen nach wenigen Minuten über die Bahnhofstraße und über die L 204 hinweg einen Pfad, der uns oberhalb von Kall auf einen Felsenweg führt. Dieser schlängelt sich entlang der Buntsandsteinfelsen mit schönen Ausblicken auf Kall und das ganze Urfttal. Schließlich geht es über Kehren hinunter zur Straße, die wir queren. Über ein Stück asphaltierten Wirtschaftsweg geht es durch die Urftaue ins Fahrenbachtal. Im Sommer ist hier Mückenschutz unbedingt zu empfehlen. Nun kommt der landschaftlich sicher reizvollste Teil der Strecke: Ein wunderschöner Pfad schlängelt sich mäßig ansteigend durch den Wald. Etwa 2,5 Kilometer nach dem Start treffen wir hier auf einen schönen Rastplatz. Weiter geht es über eine Lichtung, bis wir einen breiten Querweg erreichen,

| mittel | 11 km | 3 Std. | 236 m |

Tourencharakter Mittelschwere Wanderung, interessante Thementour kombiniert mit schönem Wanderweg. **Altersempfehlung** Ab 6 Jahren **Ausgangs-/Endpunkt** Rathaus Kall, Parken »Im Straßchen« oder an umliegenden Parkplätzen **GPS-Daten** 50.540165, 6.554246 **Anfahrt** A 1 bis Wißkirchen, weiter über B 266. Mit der Bahn bis Bahnhof Kall. **Einkehr** Unterwegs Proviant, viele Möglichkeiten in Kall **Karte** Wanderkarte Nr. 5 des Eifelvereins **Information** Nordeifel Tourismus GmbH, Bahnhofstraße 13, 53925 Kall, Tel. 02441/99 45 70, www.nordeifel-tourismus.de

Der Weg beeindruckt mit schönen Ausblicken.

Was sind eigentlich Pingen?

Pingen sind verlassene Erzgruben. Etwa 2000 gibt es davon rund um Kall. Die Erze wurden häufig durch Familien in qualvoller Handarbeit aus bis zu 30 Meter Tiefe gewonnen. Um die trichterförmigen Vertiefungen haben sich Halden gebildet, die heute oft überwuchert sind.

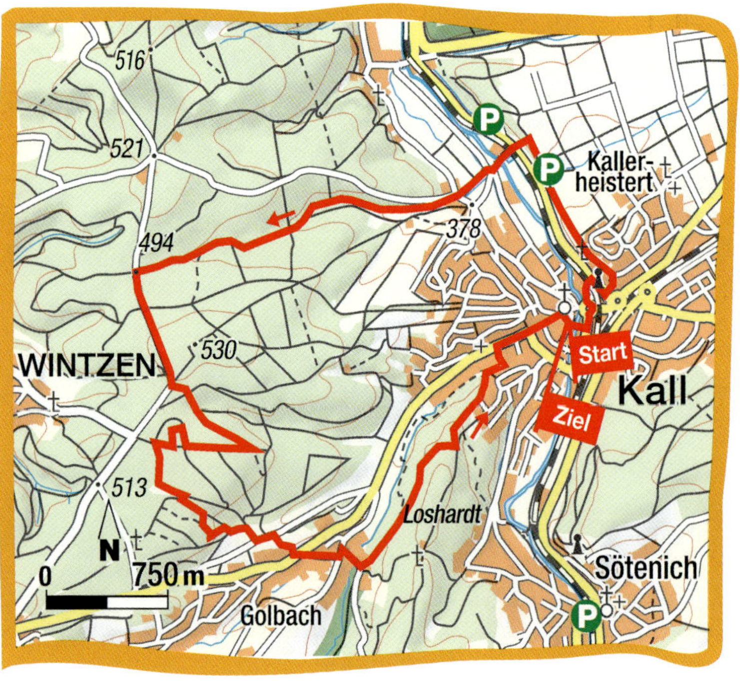

an dem eine Bank steht. Wir sind nun auf dem Eifelsteig und gehen nach links. Schon an der nächsten Kreuzung biegen wir aber erneut links ab und erreichen das Grubenfeld Stahlberg. Immer schön auf dem Weg bleiben! Denn durch den Abbau sind überall kleine Hohlräume entstanden. Bis heute kann der Boden dadurch stellenweise einsacken. Es wird erzählt, dass früher immer wieder Weide- oder Haustiere plötzlich im Erdreich

Den Bergleuten auf der Spur

Jeder nutzt die Pause auf seine Weise.

verschwunden sind! Respektvoll bestaunen wir die trichterförmigen Vertiefungen, die ein bisschen wie Bombentrichter aussehen. Zwei kleine Abstecher führen direkt an ehemaligen Erzgruben vorbei. Wir kommen wieder auf den Eifelsteig und zu einem weiteren Grubenfeld. Am Waldrand entlang geht es nun mit schönem Ausblick auf Golbach zu. Wir queren die L 105 und verlassen Golbach über die Kapellenstraße nach links. Schnell sind wir wieder mitten im Wald, erneut auf schönem Pfad leicht bergan. Über den Höhenrücken der Loshardt geht es teils über Treppenstufen bergab nach Kall. An der Berufsschule lesen wir die letzte der 21 Infotafeln. Von dort sind wir in wenigen Minuten wieder am Rathaus.

11 Ku(h)lturlandschaft pur!

DIE EIFELSCHLEIFE MILCHWEG

Wieviel Milch braucht man für ein Päckchen Butter? Diese und viele andere Fragen rund um die Milchwirtschaft beantworten acht sehr anschaulich gestaltete Infotafeln auf dem Kaller Milchpfad. Der Lehrpfad führt teilweise über den Eifelsteig – Ku(h)lturlandschaft für alle!

Der Kaller Milchweg beginnt am Parkplatz gegenüber vom Kloster Steinfeld. Hier ist auch gleich die erste Infotafel und das Symbol des Weges, die Eifelschleife Milchweg. Wir gehen die Tour entgegen des Uhrzeigersinns. Vom Parkplatz geht es rechts und direkt die erste Straße links ab in Richtung des zweiten Klosterparkplatzes. Der Milchweg führt an der Klostermauer entlang. Nach wenigen Schritten steigen wir auf einem wunderschönen Waldpfad ins idyllische Kuttenbachtal hinab. Es könnte allerdings teilweise

| leicht | 6.5 km | 2.15 Std. | 95 m |

Tourencharakter Einfache Rundwanderung, bedingt für Kinderwagen geeignet. Die Lehrtafeln sind sehr gut aufbereitet. **Altersempfehlung** Ab 5 Jahren **Ausgangs-/Endpunkt** Parkplatz P 1 am Kloster Steinfeld, Hermann-Josef-Straße 4, Kall **GPS-Daten** 50.502448, 6.564640 **Anfahrt** B 265 aus Richtung Köln bzw. Trier, B 258 aus Richtung Belgien bzw. Koblenz, B 266 aus Richtung Belgien bzw. Euskirchen. Mit der Bahn bis Urft, dann 30 Minuten Fußweg bis Kloster Steinfeld oder per TaxiBusPlus 835 (Fahrtwunsch 30 Minuten vor Fahrtantritt anmelden unter Tel. 02441/99 45 45 45). **Einkehr** Rucksackverpflegung für unterwegs, Gasthaus gegenüber Kloster Steinfeld **Karte** Wanderkarte Nr. 5 des Eifelvereins **Information** Nordeifel Tourismus GmbH, Bahnhofstraße 13, 53925 Kall, Tel. 02441/99 45 70, www.nordeifel-tourismus.de

Ku(h)lturlandschaft pur!

Hier hat jedes Kälbchen sein eigenes Haus.

matschig werden. Den Kuttenbach hören wir hier nur, sehen können wir ihn wegen des dichten Grüns zunächst kaum. Später sind wir ganz nah an dem Bach. Die nächste Infotafel lässt etwas auf sich warten, aber an einer Bank rückt sie dann doch ins Sichtfeld. Nun geht es auf dem Eifelsteig weiter. Nach einer Weile teilt sich der Weg, wir halten uns rechts und sehen in einer Kurve die nächste Tafel. Nun verlassen wir das Bachtal und es geht ein kleines Stückchen recht steil bergauf. Spätestens hier müssen ungeübte Kinderwagenschieber ganz schön schnaufen. Wer den Anstieg geschafft hat, kann nun bequem durch schöne Wiesen laufen und kommt geradewegs auf breitem Schotterweg zum Ortsein-

Kloster Steinfeld

Wer Lust hat, schlendert nach der Wanderung noch über das schöne Gelände des Klosters Steinfeld und besichtigt die Barockkirche im Kloster.

Die Geschichte des Klosters Steinfeld reicht mehr als 1000 Jahre zurück.

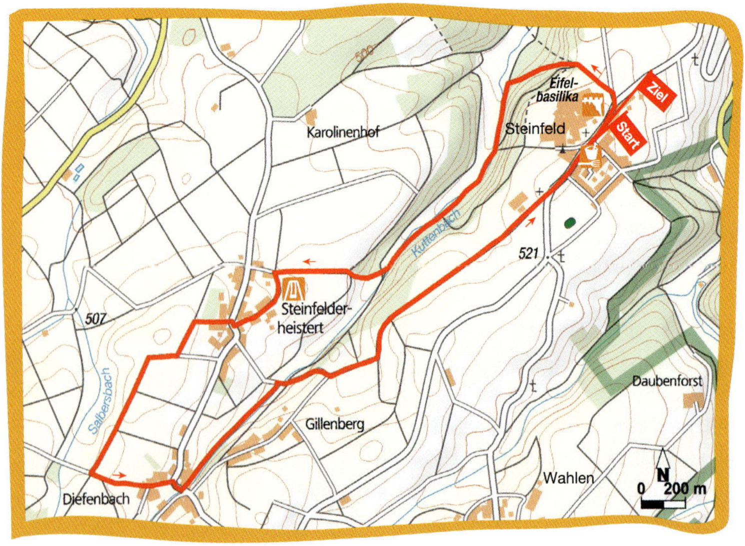

Ku(h)lturlandschaft pur!

gang von Steinfelderheistert. Hier ist auch direkt ein Spielplatz, an dem wir abbiegen und kurz darauf zum Thelenshof kommen. Hier informiert auch die vierte Tafel. Und obendrein gibt es Anschauungsunterricht »in echt«: Wir dürfen die wenige Tage alten Kälbchen, die in ihren »Iglus« liegen, von ganz nah betrachten.

Schweren Herzens (»Können wir nicht hierbleiben? Biiittttteeee …«) geht es weiter geradeaus den Holderweg entlang durch das Dorf. Wir queren die Straße an der Kreuzung und laufen die Straße »Zum Wäldchen« weiter. An der nächsten T-Kreuzung halten wir uns links und dann rechts.

Leider ist die Kuh am Wegesrand, die dann zum Fototermin einlädt, sehr ungünstig angebracht, da sie direkt vor einem Stacheldrahtzaun steht. Hier bitte gut aufpassen, damit sich niemand verletzt. An der nächsten Bank links gelangen wir über Weiden zur K 78, der wir nun links leicht bergab etwa 400 Meter nach Diefenbach folgen. Dieser Abschnitt ist für jüngere Kinder nicht ganz unproblematisch, lässt sich aber gut meistern, wenn man sich links auf dem breiten Rasenstück hält. In der Kurve und Kreuzung biegen wir rechts ab und sind auch hier sehr vorsichtig, da es kurz keinen Gehweg gibt.

Allerdings begegnen wir auch keinem einzigen Auto in dem beschaulichen Dorf. An der Bushaltestelle (links) in der Wahlemer Straße geht es noch vorbei, danach aber gleich links in den Pfad Richtung Steinfeld. Nun haben wir den Kuttenbach links neben uns und können bald rechts die Tafel 6 sehen. Unser Weg führt leicht bergauf über Weiden, später nochmals durch ein kleines Wäldchen und schließlich auf einem asphaltierten Wirtschaftsweg bis zur Tafel 7. Weiter geradeaus kommen wir zur letzten Tafel, die unter anderem zum Thema Biogas informiert. Wir passieren kurz darauf eine echte Biogasanlage und gelangen zur L 122, der wir nun links nach Steinfeld zurück folgen.

Mäandernde Bäche

Ist Euch aufgefallen, wie schön sich der Kuttenbach durch das Bachtal schlängelt? Kein Wunder, er sucht sich seine Kurven selbst aus. Er mäandert, wie Fachleute sagen. Vielleicht merkt Ihr Euch den Begriff für das nächste Scrabble-Spiel!

12 Ganz schön schlau, die alten Römer

DER GRÜNE PÜTZ

Der Grüne Pütz ist die Quellfassung der 95 Kilometer langen römischen Wasserleitung aus der Eifel nach Köln und ein wahres Meisterwerk antiker Ingenieurskunst. Ganz schön schlau, wie die Römer das Wasser transportiert haben! Auf dem Römerkanal-Wanderweg erkunden wir Geschichte zu Fuß, auf dem Eifelsteig genießen wir die schöne Landschaft.

Wir starten mit der Bahnlinie im Rücken die Bahnhofstraße aufwärts, dann links in die Klosterstraße. An der Bäckerei »Zur Römerquelle« geht es links in die Rosenthalstraße. Die Markierungen »Eifelsteig« und »Römerkanal-Wanderweg« sind zunächst unsere Begleiter. Am Zeltplatz vorbei laufen wir links über die Brücke und überqueren Urft und Eisenbahntrasse. An einer Bank

leicht   7,7 km   3 Std.   ↑ 100 m ↓ 91 m

Tourencharakter Sehr informative Wanderung auf einfachen Wegen. **Altersempfehlung** Ab 6 Jahren und besonders für etwas ältere Kinder, die sich für Geschichte interessieren **Ausgangs-/Endpunkt** P&R-Parkplatz Bahnhofstraße Nettersheim **GPS-Daten** 50.493762, 6.630805 **Anfahrt** A 1 bis Nettersheim, B 477 nach Nettersheim. Aus Trier kommend A 60 bis Prüm, B 51 ab Abzweig L 204 über Schmidtheim und Marmagen nach Nettersheim. Bahn: Mit der RB 22 und 24 sowie RE 12 bis Bahnhof Nettersheim. **Einkehr** Unterwegs keine, Proviant mitnehmen! In Nettersheim viele Möglichkeiten von Bäckerei über Imbiss bis Restaurant. **Karte** Wanderkarte Nr. 5 des Eifelvereins **Information** Naturzentrum Eifel, Urftstraße 2–4, 53947 Nettersheim, Tel. 02486/12 46, www.naturzentrum-eifel.de

Ein schöner Hohlweg führt durch den Wald.

Grüner Pütz

Auf der Suche nach sauberem Quellwasser wurden die Römer in Nettersheim fündig. Hier sickert aus unendlich vielen kleinen Quellen Wasser aus dem Wald. In einer 80 Meter langen Sickerleitung sammelten sie das Wasser. Im Grünen Pütz, dem Absetzbecken, wurde es gereinigt und dann durch einen Kanal mit ausgeklügeltem Gefälle weitergeleitet. Damit es im Winter nicht einfrieren konnte, legten die Römer noch Sandsteinplatten auf die Leitung. Etwa 150 Jahre lang hatten die Römer so täglich ca. 20 000 Kubikmeter Trinkwasser.

Schöner Blumenschmuck

an einer Weggabelung sehen wir ein hübsches Holzschild, dass uns den Weg zur römischen Brunnenstube weist. Wir gehen auf breitem Weg vorbei an Wiesen, dann durch schönen Mischwald. Dort, wo das Radschild steht, können wir den befestigten Weg verlassen und links ein Stück hochgehen, um dann parallel auf einem verwunschenen Waldpfad zu wandern. Hier wächst im Frühjahr üppig Bärlauch. Familien mit Kinderwagen bleiben auf dem breiten Weg unten. Beide Wege führen auf eine breite Wegkreuzung. An der Fachwerk-Schutzhütte vorbei sind es noch etwa 300 Meter, dann stehen wir vor dem Startpunkt der römischen Wasserleitung. »Wie haben es die Römer geschafft, dass die Leitungen dicht geblieben sind?«, will unsere Tochter wissen. Ganz einfach: Sie haben Sickerleitungen gebaut. Zum Hang hin (wo das Wasser aus vielen Quellen sickerte) waren die Fugen durchlässig, sodass Wasser in die Leitung dringen konnte. Zur Talseite hin dagegen dichteten die Römer alles mit Ton ab. Und sauber geblieben ist das Wasser auch, denn in der Kiesschicht am Boden der Brunnenstube konnten sich schmutzige Teilchen absetzen. Nach so viel Ingenieurskunst ist nun erst mal Zeit für eine Pause auf der schönen Auenwiese vor dem Baudenkmal! Der Weg führt weiter auf einen Waldweg, dem wir links bis zur Gabelung an der

Ganz schön schlau, die alten Römer

Schutzhütte von vorhin folgen. Nun geht es rechts hinauf. Auf einem schmalen Hohlweg streifen wir durch herrlichen Buchenwald. Schließlich verlassen wir den Wald; weiter geht es auf schmalem Pfad, der an Wiesen und Weiden vorbeiführt. Die wunderbare Aussicht begeistert bald die Erwachsenen, unsere Tochter will sich hingegen kaum noch von den Pferden auf einer Koppel trennen. Nach einer deutlichen Kehre heißt es aufpassen: Hier biegt unser Weg auf einem schmalen Treppenpfad links ab, die Beschilderung kann übersehen werden. Wir kommen wieder an der Wegkreuzung des Hinweges heraus, biegen nun aber rechts ab und wandern auf der Talstraße und dann über die Steinfelder Straße nach Nettersheim. Links ab über die Bahnhofstraße erreichen wir wieder den Parkplatz. Nach dieser Tour ist klar: Unsere Tochter wird mal Archäologin. Sobald wir zu Hause sind, sollen im Garten erste Ausgrabungen starten!

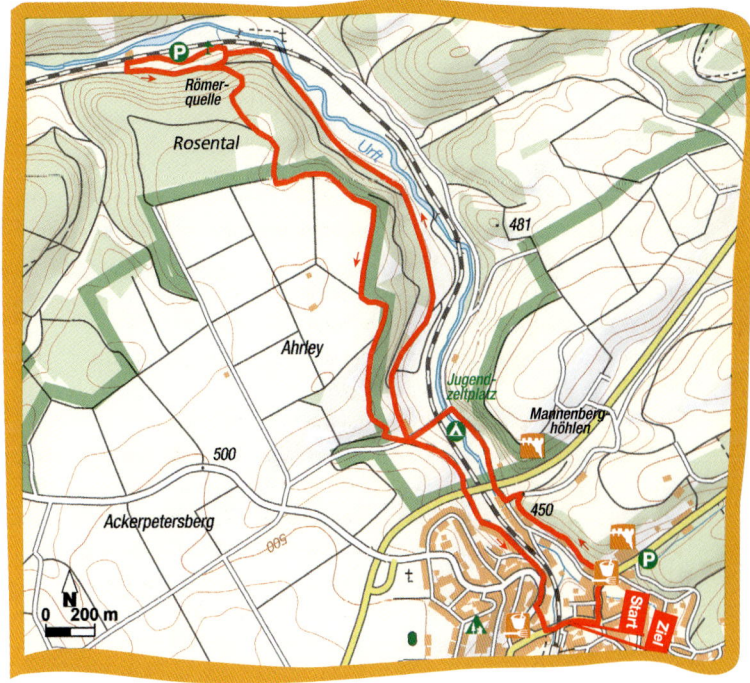

13 Fossilien finden und Waldxylofon üben

DER LÖWENZAHN-ERLEBNISPFAD IN NETTERSHEIM

Nicht ohne Grund nennt sich die Gemeinde Nettersheim »Naturerlebnisdorf«. Schon das Naturzentrum mit seinem weitläufigen Außengelände und lohnenden Ausstellungen ist einen Ausflug wert. Auf dem Erlebnispfad finden wir vielleicht echte Fossilien und bestaunen archäologische Funde.

Es gibt viel zu tun und noch mehr zu erleben auf dem Erlebnispfad, der zunächst auch Teil des Eifelsteigs ist. Wir gehen urtaufwärts bis zur Straße »Römerplatz« und dann links der Straße folgend über die Bahngleise. Rechts

| leicht | 7 km | 3 Std. | ↑ 112 m ↓ 114 m |

Tourencharakter Einfache Wanderung mit sehr vielen Erlebnisstationen für alle Altersgruppen, mindestens vier Stunden einplanen. Mit Aufenthalten auf den Spielplätzen und im Naturzentrum auch locker ein Ganztagesausflug. Erlebnispfad 6 km, mit Görresburg 7,2 km. **Altersempfehlung** Ab 4 Jahren, gut mit Kinderwagen oder Laufrad zu bewältigen **Ausgangs-/Endpunkt** Naturzentrum **GPS-Daten** 50.490750, 6.627361 **Anfahrt** Auto: A 1 bis Nettersheim, vom Ortskern über die Bahnhofstraße in die Urftstraße. Das Naturzentrum ist ausgeschildert. Bahn: Der Bahnhof Nettersheim liegt etwa 500 Meter vom Startpunkt entfernt. **Ausrüstung** Reißfester Stoffbeutel oder Dose sowie kleiner Hammer für das Fossilienfeld **Einkehr** Unterwegs Proviant, in Nettersheim viele Möglichkeiten, Cafeteria im Naturzentrum **Eintritt** Ausstellungen im Naturzentrum inkl. Haus der Fossilien: Familien 4 €. Korallenriffaquarium frei. **Karte** Wanderkarte Nr. 5 des Eifelvereins **Information** Naturzentrum Eifel, Urftstraße 2–4, 53947 Nettersheim, Tel. 02486/12 46, www.naturzentrumeifel.de

Wo früher Kalk gebrannt worden ist, wird heute Verstecken gespielt.

Kunstobjekte anfassen – ausdrücklich erwünscht!

folgen wir einem breiten Weg und erreichen nach wenigen Metern die Kalkbrennöfen. Kurz danach lädt rechts ein kleiner Pfad dazu ein, in die Baumwipfel zu reisen – bequeme Holzstühle inklusive. Lange halten wir uns anschließend auf dem großzügigen Abenteuerspielplatz auf und kommen dann doch noch zum Römerweiher. Nun begeben wir uns auf die Spuren der Römer: Am nächsten Abzweig queren wir Urft und Bahn und gehen rechts einen Asphaltweg bergauf. Wo sich der Weg am Parkplatz gabelt, halten wir uns an den oberen rechten Weg und gelangen über Holzstufen und einen Wiesenpfad zu den Überbleibseln der römischen Tem-

Trekking in der Natur

Ihr wollt mal ein richtiges Abenteuer erleben? Dann bucht einen Naturcampingplatz in der Eifel. Einer von insgesamt vieren liegt ganz in der Nähe des Löwenzahn-Erlebnispfades. Das Besondere: Ihr seid ganz allein mitten im Wald. Es gibt keinen Strom, kein fließendes Wasser, nur eine Holzplattform, einen Holztisch mit Bank und eine Komposttoilette. Platz ist für maximal zwei kleine Zelte. Infos unter www.trekking-eifel.de.

Fossilien finden und Waldxylofon üben

pelanlage, dem Matronenheiligtum Görresburg. Ein Asphaltweg führt über einen Steinbruch zurück zum Erlebnispfad. An den alten römischen Straßenposten vorbei nehmen wir über einen schönen Wiesenpfad Kurs auf das Genfbachtal. Inzwischen haben wir den Eifelsteig verlassen. In einer Kurve treffen wir auf eine Schutzhütte und üben auf dem Waldxylofon.

Nun gehen wir auf einem asphaltierten Wirtschaftsweg. Hier sind leider auch ab und an Autos unterwegs, bitte aufpassen! Das Fossilienfeld rechts fesselt bald unsere Aufmerksamkeit. Gut, dass wir Dosen und kleine Hämmerchen mitgenommen haben. Noch besser (ausnahmsweise!), dass unsere Wanderung fast zu Ende ist, denn die Kinder machen reiche Steinbeute, die nun getragen werden will. Die Straße führt weiter in den Ort. Nach der Kirche gehen wir links in die Bahnhofstraße. Hinter dem Bahnhof können wir die Gleise queren und dann auf einem Fußweg zum Naturzentrum zurückkehren. Beim Anblick des Abenteuerspielplatzes neben dem Naturzentrum ist natürlich jede Müdigkeit verflogen.

Nachtrag: Es waren doch mehr gewöhnliche Ackersteine als Fossilien unter den Funden, wie sich zu Hause herausgestellt hat. Das Sammeln und Suchen hat aber trotzdem Spaß gemacht.

Auf dem Fossilienacker wird jeder fündig.

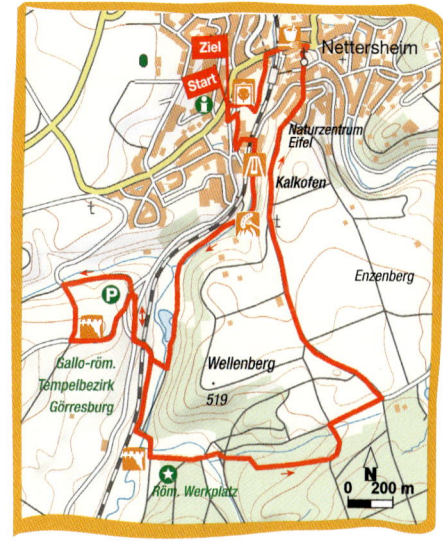

14 Das Universum begreifen

DAS RADIOTELESKOP IN EFFELSBERG

Mit einem Durchmesser von 100 Metern ist das Radioteleskop in Effelsberg das zweitgrößte vollbewegliche Radioteleskop der Welt. Drei astronomische Themenwanderwege sind in direkter Nachbarschaft eingerichtet worden. Wir nehmen es mit allen Dreien auf und begeben uns auf eine Reise ins Universum.

Vom Wanderparkplatz führt ein asphaltierter Fußweg an einem Imbiss vorbei in rund 800 Metern zum Besucherpavillon des Radioteleskops. Er ist als Planetenweg beschildert und führt uns an informativen Tafeln vom äußersten Rand des Sonnensystems über alle Planeten zu einem Betonmodell der Sonne. Vor dem Besucherpavillon können wir uns in einem kurzen Film sowie an mehreren Infotafeln über das technische Wunderwerk, das

| mittel | 9,5 km | 3.30 Std. | 275 m |

Tourencharakter Der Planetenweg ist auch kinderwagengeeignet. Abwechslungsreiche, mittelschwere Tour für trittsichere Kinder, auch im Winter gut zu gehen. Wer alle Infotafeln lesen (und verstehen) möchte, sollte sehr viel Zeit einplanen. **Altersempfehlung** Ab 6 Jahren **Ausgangs-/Endpunkt** Parkplatz am Radioteleskop Effelsberg **GPS-Daten** 50.518250, 6.875472 **Anfahrt** Von Bad Münstereifel über L 234 nach Effelsberg, A 61 bis Kreuz Meckenheim, Richtung Altenahr, über L 76 ins Sahrbachtal. **Radioteleskop** Eine Besichtigung ist nicht möglich. Im Besucherpavillon finden aber nach Voranmeldung (Tel. 02257/30 11 01) Vorträge statt. Infos unter www.mpifr-bonn.mpg.de/effelsberg. **Einkehr** Kiosk mit Imbiss nähe Parkplatz, nicht immer geöffnet. Proviant unbedingt mitnehmen! **Karte** Wanderkarte Nr. 7 des Eifelvereins **Information** Nordeifel Tourismus GmbH, Bahnhofstraße 13, 53925 Kall, Tel. 02441/99 45 70, www.nordeifel-tourismus.de

Das Universum begreifen

»Kann man damit Außerirdische hören?« Gigantisch erhebt sich das Radioteleskop mitten im Wald.

vor uns liegt, informieren. Wir folgen dem Pfad zur unteren Aussichtsplattform und biegen dann rechts in Richtung Milchstraßenweg ab, den wir auf dem Rückweg noch näher erkunden werden. Unten angekommen halten wir uns rechts und an der nächsten Infotafel queren wir den Bach. Wir kommen auf einen höher gelegenen Weg, dem wir nach links folgen und

Das Radioteleskop

Am zweitgrößten vollbeweglichen Radioteleskop der Welt empfangen Forscher des Bonner Max-Planck-Instituts seit 1972 Radiosignale aus dem All, die viele Millionen Lichtjahre entfernt sein können. Die ganze Stahlkonstruktion wiegt 3200 Tonnen – so viel wie 800 Elefanten!

befinden uns bald auf dem Galaxienweg, der uns hinter dem Teleskop herführt. Noch eine Bank, dann folgt bald ein schweißtreibender Aufstieg durch einen Hohlweg. Oben angekommen gehen wir rechts durch ein Wäldchen und kommen auf eine ausgedehnte Hochfläche, die wir auf einem Teerweg passieren. Vorbei an einer Kapelle gelangen wir zur Martinshütte, einer Grillhütte mit vielen Sitzgelegenheiten. Hier endet der Galaxienweg. Uns wird nach diesem langen Gang quer durchs Universum ganz schummerig und wir beschließen, unsere Kenntnisse in der Astrophysik erst nach einer ausgiebigen Pause auszubauen. Nach der Martinshütte wenden wir uns links und dann wenige Meter später nach rechts quer über eine Wiese in den Wald. Nun geht es leicht bergab etwa 500 Meter über den Bergkamm über Stock und Stein, manchmal ist der Weg nicht ganz einfach zu

Der Astropeiler Stockert

Ganz in der Nähe, auf dem Stockert bei Eschweiler (Bad Münstereifel), steht das erste frei bewegliche Radioteleskop Deutschlands, von Weitem zu sehen auf der Tour zur Bruder-Klaus-Kapelle. Die Anlage stammt aus den späten 1950er-Jahren und kann von Mai bis Oktober immer sonntags besichtigt werden.

Das Universum begreifen

sehen, wir müssen aber nur die Richtung geradeaus halten. Wir kommen an einer schönen alten Bank vorbei und genießen die Aussicht. Unmittelbar an den ersten Häusern biegt der Weg scharf rechts ab. Nun sind wir auf dem Milchstraßenweg, dem wir immer weiter folgen. Schließlich treffen wir wieder auf die Kreuzung am Beginn des Galaxienweges. Nun geht es nach links auf bekanntem Weg über die Brücke zum Radioteleskop und weiter zum Parkplatz.

Viele Wege

Das Sahrbachtal bietet viele sehr gut beschilderte Wanderwege in unterschiedlichen Längen. Eine gute Übersichtstafel hängt kurz vor dem Besucherpavillon.

Die informative Tour ist das ist das ganze Jahr über ein lohnendes Ziel.

15 Auf berühmten Wegen quer durch die Weinberge

SAFFENBURG UND RECH

Der Rotweinwanderweg und der Ahrsteig zählen zu den bekanntesten Wanderwegen in der Eifel. Mayschoß bietet – ausnahmsweise eher für die Erwachsenen – einen interessanten Rekord: Hier ist die älteste Winzergenossenschaft der Welt zu Hause, sie wurde 1868 gegründet. Der Rucksack ist heute ziemlich leicht, denn es gibt reichlich Einkehrmöglichkeiten.

Zunächst geht es vom Parkplatz am historischen Bahnhof in einer großen Kehre auf einem Schotterweg in die Weinberge. Schon sehen wir unser erstes Etappenziel, die Ruine Saffenburg weit oben auf einem Felsplateau. An der nächsten Kreuzung bringt uns ein Abzweig links zu der wohl ältesten Burgruine im Ahrtal. Die vielen Bänke lassen erahnen, dass hier oft viel los ist. Um 10 Uhr ist es heute noch fast menschenleer. Hier bewirtschaftet die Winzergenossenschaft Mayschoß-Altenahr eine »Jausenstation« an allen

| leicht | 7 km | 2.45 Std. | 165 m |

Tourencharakter Einfache Wanderung mit allem, was das Ahrtal ausmacht. Für Kinderwagen geeignet bis Rech. **Altersempfehlung** Ab 6 Jahren **Ausgangs-/Endpunkt** Bahnhof Mayschoß **GPS-Daten** 50.517333, 7.018694 **Anfahrt** Über B 61 bis Kreuz Meckenheim, weiter über B 257 bis Altenahr, dann Richtung Mayschoß. Dort über Ahrbrücke zum Parkplatz. Bahn: Mit dem Zug direkt zum Startpunkt am Bahnhof Mayschoß. **Einkehr** Eventuell auf der Saffenburg, ansonsten in Rech und Mayschoß **Karte** Wanderkarte Nr. 9 des Eifelvereins **Information** Ahrtal-Tourismus Bad Neuenahr-Ahrweiler, Hauptstraße 80, 53474 Bad Neuenahr-Ahrweiler, Tel. 02641/917 10, www.ahrtal.de

Unterwegs auf einem der schönsten Abschnitte des Rotweinwanderweges

Feiertagen und Wochenenden im Mai, September und Oktober. Von der Aussichtsplattform können wir auch den weiteren Wegverlauf gut sehen.

Zurück am Hauptweg biegen wir links ab und gehen nun einen Teil des Ahrsteigs (Symbol »rotes A«) durch lichten, schattigen Wald bergab nach Rech. Der Ahrsteig führt links einen Treppenpfad hinab. Wir können diesem folgen oder weiter geradeaus durch lichten Wald gehen und kommen jeweils in den malerischen Weinort Rech. Hier bieten viele Gasthäuser und Straußwirtschaften deftige Vesperplatten an. Kurz vor der historischen Brücke kommen wir an einem kleinen Spielplatz vorbei. Die Brücke ist ein schönes Fotomotiv. Sie ist allerdings nicht autofrei. 1764 gebaut ist sie die älteste Steinbrücke der Ahr. Die Statue des hl. Johannes von Nepomuk ist das Wahrzeichen von Rech.

Nach der Brücke gehen wir über den Zebrastreifen geradeaus den Berg hinauf Richtung Bahnhof und Rotweinwanderweg. Wir folgen an der Wanderinfotafel scharf links dem Rotweinwanderweg. Es geht treppauf, treppab – dieser Teil des Wanderwegs ist eines der schönsten Stücke des

Von Mayschoß ist es nicht weit bis zur Saffenburg.

Auf berühmten Wegen quer durch die Weinberge

ganzen Rotweinwanderwegs! Zwischendurch gibt es genügend Bänke zum gemütlichen Verweilen und wir können die vorhin besichtigte Burg nun von der anderen Seite bewundern.

Vorbei an der Aussichtsplattform »Tür nach Mayschoß« geht es nun Richtung Mayschoß zurück. Über die Dorfstraße und dann ein Stück die Hauptstraße entlang gelangen wir zum Bahnhof, dabei führt uns der Weg an der Winzergenossenschaft vorbei.

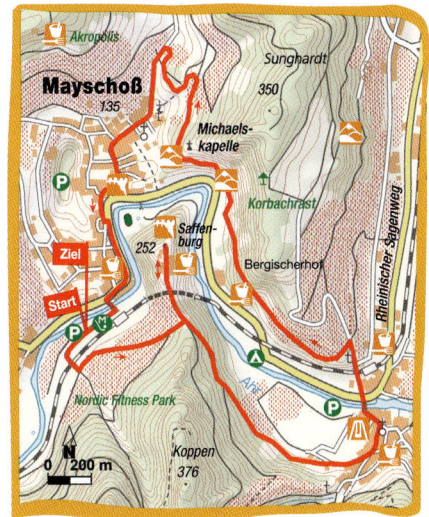

Rast mit Aussicht

16 Felsige Rundwanderung mit Panoramablicken

TEUFELSLOCH UND LANGFIGTAL

Diese Tour besticht durch ihre Vielfältigkeit. Zwar müssen wir auch einige Meter bergauf, aber der Weg ist über Felsen, schmale Pfade und in Fels gehauene Stufen mehr als abwechslungsreich. Im Langfigtal lockt die Nähe zum Wasser.

Vom Bahnhof gehen wir links zur Unterführung. Es geht gleich knackig in Kehren bergauf und an der ersten Kreuzung rechts. Aber noch ehe wir richtig außer Puste sind, erreichen wir schon nach wenigen Minuten den ersten Wegepunkt, das Schwarze Kreuz. Weiter geht es mit der Markierung »Rundweg 7« bergan Richtung Teufelsloch. Ein großer Wegestein lässt keinen Zweifel daran, dass wir richtig sind. Zwischendurch helfen eine Seilsicherung und angelegte Stufen über rutschige und schwierige Stellen, die wir aber mit Bravour meistern. Das Teufelsloch bietet einen grandiosen Ausblick ins Langfigtal. Wir folgen weiter der Markierung, es geht bergab, dann mündet der Weg in einem fast ebenen Waldpfad. Wir erreichen eine Weggabelung und nutzen die rote Bank für eine ausführliche Trinkpause. Nun geht es geradeaus weiter, wir folgen

| mittel | 5 km | 2.30 Std. | 240 m |

Tourencharakter Mittelschwere Wanderung mit einigen Aufstiegen, die aber aufgrund der nicht allzu langen Gesamtstrecke gut zu bewältigen sind. **Altersempfehlung** Ab 6 Jahren **Ausgangs-/Endpunkt** Bahnhof Altenahr **GPS-Daten** 50.515950, 6.989760 **Anfahrt** Über B 61 bis Kreuz Meckenheim, weiter über B 257 bis Altenahr. Bahn: Mit dem Zug direkt zum Startpunkt am Bahnhof Altenahr. **Einkehr** Unterwegs keine, in Altenahr viele Möglichkeiten **Karte** Wanderkarte Nr. 9 des Eifelvereins **Information** Ahrtal-Tourismus Bad Neuenahr-Ahrweiler, Hauptstraße 80, 53474 Bad Neuenahr-Ahrweiler, Tel. 02641/917 10, www.ahrtal.de

Kleine Hindernisse machen die Wanderung noch abwechslungsreicher.

dem Hinweisschild »Schrock«. Nach der Kletterei am Anfang ist dieses Wegstück über einen breiten Forstweg recht unspektakulär. An einem Abzweig mit Schild »Geologischer Wanderpfad links Abstieg« können wir absteigen. Wer einen Abstecher machen oder einfach länger wandern möchte, geht weiter Richtung Schrock. An einer weiteren roten Bank müssen wir uns entscheiden: rechts Richtung Schrock/Steinerberghaus oder links dem Pfad Nr. 6 folgend zur Teufelsley. Wer Richtung Schrock möchte, folgt dem Rundweg 8 und passt auf, dass er den Abzweig nicht verpasst, denn es weist nur ein kleines Holzschild den wunderschönen Pfad zur Schutzhütte. Ohne Abstecher geht es am geologischen Wanderpfad gemütlich bergab hin zum Flusstal der Ahr. Unten angekommen halten wir uns rechts und durchwandern diesen hübschen Teil des Langfigtals auf einem Pfad fast direkt am Wasser. Immer wieder laden Bänke zum Verweilen ein. Am Ende des Tales überqueren wir die Brücke, müssen dann durch den Straßentunnel an der B 267 und folgen der Beschilderung Richtung Bahnhof.

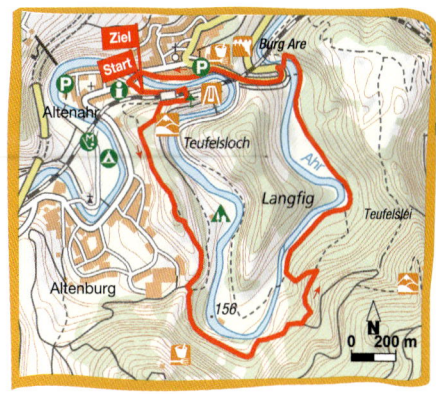

17 Mini-Haus und römische Villa

RUND UM DIE AHRQUELLE IN BLANKENHEIM

Diese Tour ist ideal für alle, die keine allzu große Anstrengung suchen und gleichzeitig viel sehen wollen. In dem malerischen Eifelstädtchen Blankenheim gibt es einiges zu bestaunen, zum Beispiel die Ahrquelle, die in einem Keller entspringt, ein winziges Haus, eine mächtige Burg oder eine Wasserleitung aus dem Mittelalter.

leicht | 4 km | 1.45 Std. | 111 m

Tourencharakter Einfache Wanderung, aber wegen der Stufen nicht kinderwagengeeignet. Der römische Gutshof »Villa Rustica« kann gegebenenfalls auch separat vom Parkplatz in wenigen Minuten mit dem Auto angefahren werden (Straße: In den Alzen 18). **Altersempfehlung** Ab 5 Jahren **Ausgangs-/Endpunkt** Parkplatz am Weiher in Blankenheim **GPS-Daten** 50.436543, 6.652155 **Anfahrt** A 61 bis Kreuz Bliesheim, dann A 1 Richtung Trier bis Blankenheim, B 51 Richtung Trier. Mit dem Zug bis Bahnhof Blankenheim-Wald, dort Busanschluss nach Blankenheim. **Einkehr** Viele Möglichkeiten in Blankenheim **Karte** Wanderkarte Nr. 12 des Eifelvereins **Information** Touristinformation im Eifelmuseum, Ahrstraße 55–57, 53945 Blankenheim, Tel. 02449/872 22, www.blankenheim.de

Wir queren die Kölner Straße in Richtung Stadt und gehen über die Klosterstraße stadteinwärts. Sofort sind wir mitten in der Altstadt mit vielen urigen Gassen und schmucken Fachwerkhäusern. Wir schlendern links und rechts des Weges, queren die Johannesstraße und halten uns in etwa geradeaus, vorbei an einem kleinen Geschenkeladen. Unvermittelt stehen wir dann vor der Ahrquelle. Sie sprudelt unter einem Haus aus dem Jahr 1726 aus einem Becken. Von hier durchfließt sie in einem gemauerten Kanal Blankenheim und nimmt ihren Weg durch das Ahrtal. Bei Sinzig mündet sie nach fast 90 Kilometern schließlich in den Rhein.

Das Mini-Haus war früher ein Ziegenstall.

Wir wenden und steigen nach wenigen Metern links einige Stufen hinauf. Dann halten wir uns rechts. Fast übersehen wir das Haus am Zuckerberg 3, so klein ist es! Nur 1,90 Meter breit ist das zweigeschossige Zwergenhäuschen, das früher einmal ein Ziegenstall war. »Wie passt denn hier überhaupt ein Bett rein?«, fragen sich die Kinder. Nun ja, allzu groß sollte es jedenfalls nicht sein …

Kurz darauf zweigt links ein Treppenpfad nach oben zur mächtigen Burg Blankenheim ab. Sie ist heute eine Jugendherberge. Um außer Puste zu kommen, ist der Anstieg zu kurz. Oben angekommen gehen wir einige Meter entlang der Straße und biegen dann links auf den kleinen Fahrweg in Richtung Tiergartentunnel ab. Es kommen noch einige Gebäude, dann geht es rechts auf einem Pfad zum Herzstück des Tiergartentunnels. Hier, am südlichen Zugang des Stollens, können wir uns einen kleinen Einblick über die grandiose Technik verschaffen. Links neben der Kuppel blicken wir nach wenigen Metern in den gemauerten Tunnel der Wasserleitung hinein. Was uns heute zunächst unspektakulär erscheint, war im Mittelalter eine technische Meisterleistung und eine überaus aufwändige Angelegenheit. Denn über den etwa 150 Meter langen Tunnel unter dem Tiergarten sollte die Burg Blankenheim mit sauberem Wasser versorgt werden. Man muss dazu wissen, dass der Tunnelbau im Mittelalter in Europa weitgehend unbekannt war!

Eifelmuseum

In der Nähe der Ahrquelle liegt das Eifelmuseum mit Touristeninfo. Neben Wissenswertem zur Erdgeschichte und Natur der nordwestlichen Eifel gibt es auch ein Römerstraßen-Infozentrum.

Wir bleiben ein Stück auf dem Pfad und gehen dann nach links oder spazieren direkt zurück auf den Hauptweg und biegen nach einer Kehre links ab, wieder hinunter nach Blankenheim.

Eine weitere Attraktion – diesmal von den Römern – befindet sich außerhalb des historischen Ortskerns: der riesige römische Gutshof »Villa Rustica«. Hierfür halten wir uns im Ort angekommen rechts und kommen über die Ahrstraße zur Bahnhofstraße. Nach links gehen wir am Kreisel vorbei, überqueren die Straße und gehen über einen Pfad hinauf zum Pflegeheim. Wir folgen der Straße »In den Alzen« durch das Wohngebiet, bis wir rechts auf

Mini-Haus und römische Villa

Eine moderne Stahlkonstruktion lässt die Ausmaße des römischen Gutshofs erahnen.

die riesige Anlage stoßen. Diese zählt zu den bedeutendsten Bodendenkmälern aus römischer Zeit im Rheinland. Die Ausmaße des ehemaligen Landguts lassen sich durch das riesige moderne Stahlgerüst gut erahnen – ein futuristischer Blick in die Vergangenheit. Auf gleichem Weg geht es nun in den historischen Stadtkern zurück.

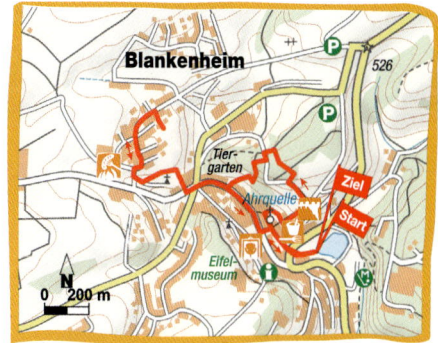

18 Über magische Pfade zu Eichendorffs Felsen

LYRIK AM DÜVELSSTEEN

Durch das obere Ahrtal führt uns diese schöne Eifelschleife. Die Wege sind teilweise so verwunschen, dass wir glauben, in einem Märchenwald gelandet zu sein. Die Anhöhe mit Düvelssteen und Düvelskall ist ein ganz besonderer Ort: romantisch, magisch und ein bisschen unheimlich zugleich.

Wir starten am Waldcafé Maus, gehen links und queren die Straße in der Kurve. Links können wir den Stromberg, einen erloschenen Vulkan, gut erkennen. An der Infotafel am Straßenrand geht es nun rechts ab auf einen Schotterweg. Unser Symbol ist die Eifelschleife »Wo Wälder rauschen«. Zunächst ist der Weg breit, aber bald gelangen wir auf einen schmalen Graspfad. Umgeben von Moosen und Farnen erreichen wir eine kleine Lich-

leicht 6,7 km 2.45 Std. 127 m

Tourencharakter Wunderschöne Wanderung über einfache Pfade, keine besonderen Anforderungen. **Altersempfehlung** Ab 5 Jahren oder jünger bei entsprechender Kondition **Ausgangs-/Endpunkt** Waldcafé Maus **GPS-Daten** 50.407139, 6.630167 **Anfahrt** A 1 Abfahrt Blankenheim, über B 51 an Blankenheim und Blankenheimerdorf vorbei, links Richtung Blankenheim (K 70), an der nächsten Kreuzung rechts nach Nonnenbach (K 69), nach der Kirche rechts Richtung Ahrmühle/Ripsdorf, neben der Gaststätte ist ein Wanderparkplatz. **Einkehr** Waldcafé Maus **Karte** Wanderkarte Nr. 12 des Eifelvereins **Information** Nordeifel Tourismus, Bahnhofstraße 13, 53925 Kall, Tel. 02441/99 45 70, www.nordeifel-tourismus.de

Über magische Pfade zu Eichendorffs Felsen

Kaum zu glauben, dass es hier einst heiß herging.

tung. Hier halten wir uns rechts. Seltene Waldbiotope liegen nun am Weg: sogenannte Bruch- und Sumpfwälder. Der Boden ist hier sehr nass, weshalb nur wenige Pflanzenarten gut wachsen können: Erlen und Birken beispielsweise, aber auch Moose. Weiter geht es auf traumhaft weichem Waldboden. Der Pfad biegt nach rechts ab und mündet in einen befestigten Forstweg, dem wir nun nach links folgen. An einer großen Wegespinne geht es weiter geradeaus. Gleich darauf teilt sich der Weg erneut, wir bleiben links. An der Infotafel zum Düvelssteen (Teufelsstein) lädt eine Picknickbank zur Rast ein. Gestärkt erklimmen wir nun den Pfad hoch zum Düvelssteen. Was für ein magischer Ort! Es ist absolut still, nur Vögel, Bienen und das Rascheln der frischen Blätter sind im Frühling zu hören. Vom Düvelssteen folgt ein Weg ein Stück um die Anhöhe herum. Nach etwa 50 Metern sehen wir erst übereinandergeschichtete Steine, dann das Teufelsloch. Die Eifler haben der kleinen

Höhle den Namen »Düvelskall« gegeben. Schon möglich, dass es dem einen oder anderen hier oben ein bisschen unheimlich geworden ist …
Wir können nun bis zum Hauptweg zurückgehen oder uns am Teufelsloch einen schmalen Pfad bergab durch den Wald suchen, bis wir wieder ein

Seltsame Namen

Seinen ungewöhnlichen Namen verdankt der Düvelssteen angeblich dem Bau der Eisenbahn. Die Eifler nannten den Sandstein, der hier für den Bau der Bahnstrecke Köln–Trier zwischen 1860 und 1870 gebrochen wurde, »Düvelssteen« (Teufelsstein). Er war nämlich unerwartet schwer zu verarbeiten, weil er so hart war, echtes Teufelszeug eben. 1988 wurde der Stein in »Eichendorff-Felsen« umbenannt. Denn in den Stein ist die dritte Strophe des Gedichts »Abschied« von Joseph v. Eichendorff gemeißelt.

Die Düvelskall ist eine niedrige, nur wenige Schritte tiefe Höhle. Sie soll im Krieg als bombensicherer Unterstand gedient haben. Etwas unheimlich und finster ist es hier schon, sodass die Bezeichnung »Teufelsloch« wohl nahelag.

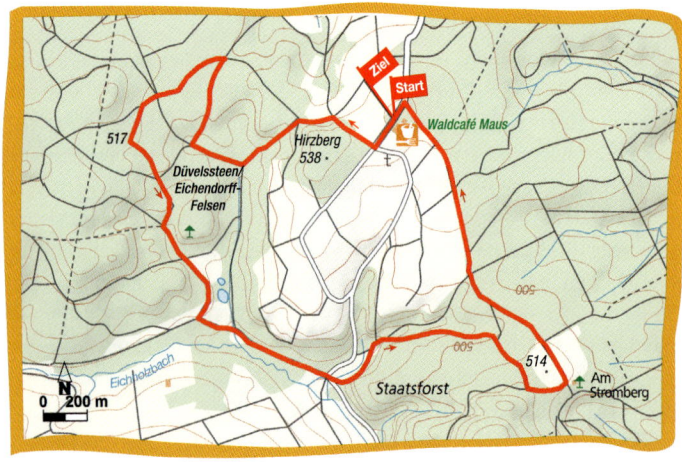

Am Eichendorff-Felsen ist es ganz still. Nur die Blätter rauschen.

Stückchen weiter am Hauptweg herauskommen. Wir folgen diesem und bald macht es sich bezahlt, dass die Kinder praktisch nie ohne Ball unterwegs sind. In einer Kurve lädt eine große Wiese zu einem ausgedehnten Picknick ein. Die Jungs haben schnell ihre Jacken zu Torpfosten umfunktioniert. Später folgt noch eine zweite große Wiese, die im Frühjahr gelb vor Sumpfdotterblumen ist. Statt Sumpfwäldern sehen wir im weiteren Wegverlauf Auwälder. Hier fühlt sich im Frühjahr der leckere Bärlauch wohl – wir können es riechen und sehen. Wir kommen an eine Straße, in der Kurve gibt es noch einmal eine Bank. Wir folgen der Straße ein kleines Stück aufwärts und biegen direkt links ab auf einen breiten Forstweg. Nun sind wir auf dem Jakobsweg unterwegs. An einer Schutzhütte geht es nach links und nun auf breitem Weg zurück bis zum Wanderparkplatz.

 Voll auf dem Holzweg

DER MOORPFAD IN DAHLEM

Der Moorpfad in Dahlem ist ein gänzlich unanstrengender Rundweg. Er führt teilweise auf Holzstegen durch das Hangmoor. Dank befestigter Feld- und Waldwege ist die Runde ideal für jüngere Kinder und mit allem befahrbar, was Räder hat.

Die erste Rastmöglichkeit direkt am Parkplatz ignorieren wir. Ein Schild zeigt uns nach rechts den Weg zum kleinen Rundweg. Eine Infotafel zu Beginn des Steges, den wir schon vor uns sehen, weist uns auf die Besonderheiten des Moores hin, das wir gleich durchqueren. Die östlich von Dahlem gelegene »Wasserdell« ist ein Naturschutzgebiet mit wertvollen Heidemoorflächen und dem nährstoffarmen Moorbach. Im Verlauf des Weges erfahren wir noch viel Wissenswertes über Moore und Torflandschaften. Der Holzsteg ist einfach zu begehen, nur bei Nässe kann es rutschig werden. Wir genießen aber einen wunderbaren Spätsommertag und lassen uns auf einer schö-

leicht   2 km   1.30 Std.   ↑ 87 m ↓ 95 m

Tourencharakter Sehr leichte Wanderung auf einfachen Wegen ohne Anforderungen. **Altersempfehlung** Ab 3 Jahren, Kinderwagen etc. sehr gut möglich **Ausgangs-/Endpunkt** Wanderparkplatz »In der Wasserdell« **GPS-Daten** 50.389709, 6.568558 **Anfahrt** Auto A 1 bis Blankenheim, dann B 51 Richtung Blankenheim, weiter Richtung Dahlem bis zum Dorfplatz. Ab da über die Schulstraße zum Wanderparkplatz (der Beschilderung folgen). Mit der Bahn bis Bahnhof Dahlem, dann ca. 1,5 Kilometer bis zum Startpunkt. **Einkehr** Am Weg keine, Proviant mitnehmen und Picknick am Holzsteg genießen. In Dahlem Einkehrmöglichkeiten sowie Bäcker. **Karte** Wanderkarte Nr. 15 des Eifelvereins **Information** Nordeifel Tourismus GmbH, Bahnhofstraße 13, 53925 Kall, Tel. 02441/99 45 70, www.nordeifel-tourismus.de

Der Moorpfad ist etwa 500 Meter lang und barrierefrei.

Wer sich nach der Wanderung noch austoben möchte …

nen Picknickbank am Steg die Sonne ins Gesicht scheinen. Wir befinden uns jetzt im Herzen des Hochmoores, im Torfmoos. Das Torfmoos ist wie ein Schwamm und kann das 25-fache seines Eigengewichts aufsaugen. Der Weg windet sich quer durch das Moor und mündet schließlich auf einen Pfad. Ihm folgen wir noch ein Stück, dann geht es rechts auf einem breiten Forstweg (Wegweiser »Naturwanderpfad«) unkompliziert durch den Wald.

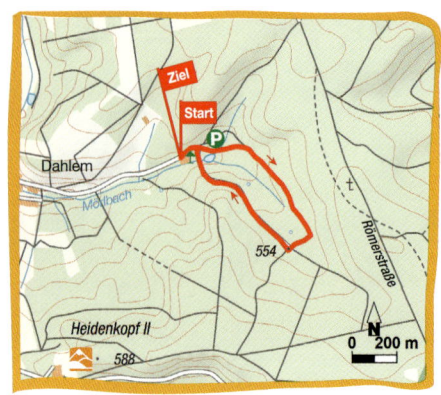

Wir treffen auf eine asphaltierte Straße, der wir nach rechts folgen. Wir passieren noch ein kleines Gewässer. Es liegt direkt am Holzpfad und damit am Ende der Tour. Und jetzt passiert, was selten vorkommt: Die Kinder wollen die Runde gleich nochmals gehen, wenigstens das Stück auf dem Holzpfad. Warum nicht? Wir nehmen erneut Kurs auf die Picknickbank.

Barfusspark

Die Tour lässt sich besonders mit jüngeren Kindern prima mit einem Besuch des Barfuß- und Generationenparks im Ortsteil Schmidtheim kombinieren. Die Boulebahn und der Barfußpfad sind auch etwas für die Großen. Die sehr gepflegte Anlage bietet großartige Spiel-, Ruhe- und Bewegungsmöglichkeiten für alle und ist obendrein kostenlos.

Variante

Wer länger unterwegs sein möchte, kann auch über die sehr abwechslungsreiche Eifelschleife »Naturwanderpfad« gehen. Neben einer tollen Aussicht informieren viele Tafeln über die dort ansässigen Vogelarten. Die Tour ist 9 km lang und startet direkt in Dahlem.

... findet im Generationenpark reichlich Möglichkeiten.

20 Und der Vulkan – ist aktiv!

RUND UM DEN LAACHER SEE

Die Runde um den Laacher See hat viel zu bieten: Die Ausblicke auf den See versetzen sofort in Urlaubsstimmung. Am Ostufer wartet eine kleine Sensation auf Abenteurer und Vulkanforscher. Wer den Pfad direkt am See nimmt, sieht: Der Vulkan ist aktiv!

Wir starten mit der Umrundung des größten vulkanischen Eifelsees im Uhrzeigersinn und folgen ab dem Parkplatz dem Schild »Uferrundweg«. Es geht ein Stück über asphaltierten Weg bis zu einem Bootsanlegesteg mit Rastplatz und Ruhebank. Der Weg führt links und gleich wieder rechts in einen lichten Wald, etwas abseits vom Ufer und parallel zur Straße. Wir kommen über eine kleine Holzbrücke und können bald schon wieder auf einer Ruheliege den See bewundern. Schließlich erreichen wir einen Minigolfplatz mit Parkplatz. Bis hier folgen wir der Route Geo-L, die aber nun einen Schlenk vom See weg macht. Wir gehen weiter am Parkplatz vorbei. Der Weg wird zu einem schmalen Pfad, der uns oberhalb des Campingplatzes führt. Hier können wir unsere Reserven bei einem Eis auffüllen und ab hier wieder die Route Geo-L als Wegweiser zur Hilfe nehmen.

Bald schon erscheint ein Wegweiser »Túmulus/Aussicht, Laacher See«. Kurz danach erkennen wir rechts zum Ufer hin einen schmalen Pfad,

leicht | 9 km | 2.30 Std. | ↑ 39 m ↓ 30 m

Tourencharakter Einfache Wanderung über gut ausgebaute Wege. **Altersempfehlung** Ab 5 Jahren **Ausgangs-/Endpunkt** Parkplatz am Kloster Maria Laach in Glees **GPS-Daten** 50.403694, 7.254806 **Anfahrt** A 61 bis Mendig, dann Beschilderung zum See. **Einkehr** Kloster Maria Laach, am Campingplatz oder für Selbstversorger ein Bio-Supermarkt direkt am Parkplatz **Karte** Wanderkarte Nr. 32 des Eifelvereins **Information** Touristeninfo am Parkplatz oder Tourismusverband Vulkanregion Laacher See, Kapellenstraße 12, 56651 Niederzissen, Tel. 02636/194 33, www.vulkanregion-laacher-see.de

Und der Vulkan - ist aktiv!

Am Ostufer kann man die Mofetten sehr gut erkennen.

der ab hier mehr oder weniger durchgehend (einfach probieren, notfalls zurück zum Hauptweg, der immer sichtbar bleibt) direkt am Wasser herführt. Über Stock und Stein und einige Felsbrocken lässt es sich hier wunderbar wandern. Jetzt heißt es gleichzeitig auf den Weg achten und das Wasser beobachten: Denn ab hier und noch ein Stückchen weiter können wir die Mofetten beobachten. Mofetten? So heißen die kleinen, gasgefüllten Bläschen, die an der Ostseite des Sees überall aufsteigen und beweisen: Im

Idylle am Spätnachmittag

Der Laacher See versetzt in Urlaubsstimmung.

Und der Vulkan - ist aktiv!

Innern ist der Vulkan noch aktiv! Der Pfad führt wieder auf den Hauptweg und wir stehen vor einem ausgesprochen schönen Picknickplatz. Nochmals können wir ein Stück am See gehen, kommen wieder auf den Hauptweg und treten schließlich aus dem Wald heraus. Eine wunderschöne Weide liegt nun rechts, Kühe grasen, es ist einfach idyllisch, besonders in der späten Nachmittagssonne. Wir biegen rechts ab und haben nun einen guten Blick auf das Kloster Maria Laach. Vorbei am Fulbertstollen kommen wir zu einer Teerstraße, die an Obstplantagen vorbei zurück zum Parkplatz führt.

Vulkanpark

Wer mehr zum Thema Vulkanismus wissen möchte, sollte sich die vielen Museen und Naturdenkmäler des Vulkanparks genauer ansehen. Infos unter www.vulkanpark.com.

WISSEN

Der Nationalpark Eifel

Vielleicht ist Euch beim Wandern durch den Nationalpark Eifel aufgefallen, dass immer wieder alte Stämme rechts und links der Wege herumliegen. Räumt denn hier niemand im Wald auf? Nein. Denn im Nationalpark heißt das Motto: Die Natur Natur sein lassen. Das bedeutet, dass der Mensch hier in die Natur nicht eingreifen soll. Alte, umgestürzte Bäume bleiben deshalb liegen und bieten so vielen (auch bedrohten) Tieren und Pflanzen wertvollen Lebensraum. Allerdings braucht die Natur Zeit, um wieder in ihren ursprünglichen Zustand zurückfinden zu können. Der Nationalpark Eifel ist daher noch ein sogenannter Entwicklungs-Nationalpark. Bis zum Jahr 2034 darf die Natur noch dabei unterstützt werden, wieder ihr natürliches Gleichgewicht zu finden. Danach sollen 75 Prozent der Fläche sich selbst überlassen bleiben. Es wird also wild: Immerhin ist der Nationalpark etwa 11 000 Hektar groß. Das entspricht einer Fläche von mehr als 15 000 Fußballfeldern!
Der Mensch hat in den vergangenen Jahrhunderten vielfach in die Natur eingegriffen, zum Beispiel durch intensive Holzwirtschaft. Im 19. und 20. Jahrhundert sind in der Eifel viele Fichten angepflanzt worden. Sie wachsen schneller als Buchen und wurden als Bauholz oder für Möbel verwendet. Allerdings verdrängten sie zunehmend die bis dahin vorherrschenden Buchen-Mischwälder. Im Nationalpark soll deshalb wieder ein sich selbst überlassener Urwald mit heimischen Bäumen entstehen. Förster pflanzen

bewusst Buchen und auch Eichen an und fällen den Fichtenbestand nach und nach.

Ähnlich verhält es sich mit den vor 200 Jahren von der Nordwestküste Amerikas eingeführten Douglasien. Das Klima in der Eifel erwies sich als ideal, sodass sich die Baumart rasch ausbreiten konnte und heimische Arten, z. B. Eichen, verdrängte. Im Nationalpark werden zehn Prozent der Douglasien geringelt: Die Baumrinde wird dabei einmal kreisrund um den Stamm entfernt. So werden lebensnotwendige Leitungsbahnen unterbrochen und der Baum stirbt allmählich ab. Als Totholz kann er aber noch lange wichtiger Lebensraum zum Beispiel für Insekten oder Pilze sein. Auf Tour 4 könnt Ihr das ganz genau beobachten.

Im Nationalpark Eifel werden nicht nur die Laubmischwälder unter Schutz gestellt, sondern ebenso zahlreiche Bachtäler, Seen und Quellgebiete. Auch Felsformationen, artenreiche Wiesen und das verwilderte Offenland der Dreiborner Hochfläche gehören dazu. Bis 2006 zählte dieser Teil des heutigen Nationalparkgeländes zum Truppenübungsplatz der belgischen Armee (mehr dazu in Tour 5).

Forscher haben im Nationalpark mehr als 10 000 verschiedene Tier- und Pflanzenarten nachgewiesen, darunter mehr als 2300 Arten, die auf der Roten Liste stehen. Sie gelten als gefährdet oder sind sogar vom Aussterben bedroht! Vielleicht entdeckt Ihr auf Euren Wanderungen auch einen Schwarzstorch, einen Uhu oder eine Wildkatze! Nicht zu übersehen sind im Frühjahr die wilden Narzissen, die viele Wiesen in ein gelbes Farbenmeer tauchen.

Kleine Verschnaufpause inmitten wuchtiger Felskulisse

Die Eifel in

Belgien und Luxemburg

21 Auf zu Napoleons Nase im wilden Warchetal

BURG REINHARDSTEIN UND WASSERFALL

Direkt an der Staumauer startet dieser spannende Rundweg. Wir bestaunen auf knapp sechs Kilometern schroffe Felsen, stapfen durch das abenteuerliche, wilde Warchetal und genießen immer wieder den Blick auf Burg Reinhardstein. Auch ein Superlativ fehlt nicht, kommen wir doch am höchsten Wasserfall Belgiens vorbei!

Hinter dem Kiosk am Parkplatz beginnt unser Weg mit der Markierung »grünes Rechteck«. Wir sind direkt mitten im Fichtenwald auf einem schönen, leicht ansteigenden Pfad. Nach etwa zehn Minuten sehen wir zum

mittel   5,5 km   2.45 Std.   240 m

Tourencharakter Mittelschwere Tour mit kurzen, aber steilen Anstiegen, die bei Nässe rutschig sein können. Festes Schuhwerk unbedingt erforderlich!   **Altersempfehlung** Ab 5 Jahren   **Ausgangs-/Endpunkt** Parkplatz an der Staumauer am Lac de Robertville in Ovifat am Chalet du Barrage   **GPS-Daten** 50.452055, 6.108109   **Anfahrt** N 676 Richtung Robertville, in Sourbordt rechts abbiegen nach Ovifat, dann Richtung Barrage und rechts zur Staumauer.   **Ausrüstung** Fernglas, feste Schuhe   **Info Burg** Die Burg kann nur samstags, sonntags, an Feiertagen sowie während der belgischen und niederländischen Ferien zu festen Zeiten mit Führung besichtigt werden. Erw. 8,50 €, Kinder 6,50 €, unter 5 Jahren frei. Deutsche Führungen anfragen unter Tel. +32/80/44 68 68.   **Einkehr** Burg Reinhardstein (Wochenende) und Imbiss Chalet du Barrage am Parkplatz   **Karte** Wanderkarte »Belgien (C) – Am Fuß des Venns« des Verkehrsamtes der belgischen Ostkantone   **Information** Tourismusagentur Ostbelgien, Hauptstraße 54, 4780 Sankt Vith, Tel. +32/80/22 76 64, www.ostbelgien.eu

Mehrere gut markierte Wege führen zu Napoleons Nase.

Die Wanderung führt über teils abenteuerliche Wege.

Auf zu Napoleons Nase im wilden Warchetal

ersten Mal die Burg Reinhardstein hoch über dem Warchetal – ein echter Postkartenanblick. Bald biegt unser Weg steil nach rechts ab ins Tal. Dann geht es rechts kurz bergan, anschließend scharf links in Richtung Cascade. Über einen kleinen Pfad gelangen wir zu einer kleinen Lichtung und haben freien Blick auf den Wasserfall, der hier 60 Meter in die Tiefe fällt. Er ist der höchste in ganz Belgien!

Nun geht es wieder zurück bis zur Wegekreuzung, an der wir ins Tal abgebogen sind. Steil bergan führt uns der Pfad, dann rechts auf einen bequemen Weg. In der Kurve folgen wir »Nez Napoléon«, dem Hinweis auf die Nase Napoleons. Erneut haben wir rechts eine schöne Sicht auf die Burg, bevor wir in den Wald kommen. Die Landschaft ist jetzt schroffer, die Felsen werden größer. Noch einmal geht es steil bergan, dann können wir sie sehen, die Nase Napoleons, einen steilen Felsvorsprung. Der Weg wird nun schmaler. An der nächsten Gabelung geht es rechts abwärts ins Warchetal. Über eine Brücke gelangen wir zu einem Picknickplatz. Ab hier wandern wir flussaufwärts, bergan in Richtung Burg, die nun bald vor uns auftaucht. Wer will, kann nun einen Abstecher zur Burg machen. Weiter geht es über eine kleine Fußgängerbrücke steil bergan über Wurzeln und Felsen zu einem Querpfad. Bald kommen wir auf einen breiten Forstweg und zurück zur Staumauer.

Immer wieder eröffnen sich schöne Ausblicke auf die Burg.

22 Auf Holzpfaden zum höchsten Punkt Belgiens

IM NATURPARK HOHES VENN

Ein Hochmoor mitten in Europa mit Pflanzen und Tieren, die bei uns eigentlich gar nicht vorkommen: Ohne Zweifel ist das Hohe Venn eine der urwüchsigsten Landschaften in der Eifel und den Ardennen.

Mit dem Rücken zum Naturzentrum starten wir entlang der Straße nach rechts. Es geht zunächst über einen breiten Forstweg. Bald schon kommen wir an einen Abzweig, der uns nach rechts eine Abkürzung anbietet. Wir ignorieren den Hinweis und bleiben auf dem breiten Hauptweg. Endlich wird unser Weg zu einem Pfad, links und rechts Heide. An der nächsten Weggabelung gehen wir links, wieder auf breitem Weg. Bald schon kommt rechts der ersehnte Holzpfad, der uns sicher mitten durch das Moor führt.

| leicht | 5,5 km | 2 Std. | 50 m |

Tourencharakter Einfache Wanderung. Infos über aktuelle Sperrungen unter www.hautesfagnes.be. **Altersempfehlung** Ab 4 Jahren **Ausgangs-/Endpunkt** Naturparkzentrum Botrange **GPS-Daten** 50.493056, 6.099722 **Ausrüstung** Wetterangepasste Kleidung mit Regenschutz, Fernglas **Anfahrt** Über Kalterherberg und die belgische Grenze über N 676 nach Botrange. Von Richtung Eupen über N 68. Bus 390 ab Bahnhof Verviers, Bus 394 ab Bahnhof Eupen. **Einkehr** Im Naturparkzentrum Botrange und am Signal de Botrange **Karte** Wanderkarte »Belgien (C) – Am Fuß des Venns« des Verkehrsamtes der belgischen Ostkantone **Information** Naturparkzentrum Botrange, Route de Botrange 131, 4950 Waimes, Tel. +32/80/44 03 00, www.botrange.be

Auf Holzpfaden zum höchsten Punkt Belgiens

Direkt am Naturzentrum liegt ein schön gestalteter Spielplatz.

Allerdings sind einige Planken locker oder fehlen ganz und sind bei Regen auch etwas rutschig, sodass alle gut aufpassen müssen. Der Steg mündet wieder auf einen Wanderweg, den wir queren. So kommen wir erneut auf einen Holzpfad, der uns durch das Hochmoor führt. Am großen Wegweiser vorbei geht es nun in den Wald. Wir folgen den Hinweisen »Signal de Botrange«. Ohne jede Anstrengung liegt dann der

Die rote Fahne

Der Zugang ins Hochmoor ist streng begrenzt, um die seltenen Tiere und Pflanzen zu schützen. Manche Zonen sind nur in Begleitung spezieller Wanderführer zugänglich oder ganz gesperrt. Bei Brandgefahr wird außerdem die rote Fahne gehisst, dann heißt es ebenfalls »Durchgang verboten«.

Holzpfade führen durch das Moor.

mit 694,24 Metern über dem Meeresspiegel höchste Punkt Belgiens, das Signal de Botrange, an der Nationalstraße von Waimes nach Eupen vor uns. »Das war ja eine einfache Gipfelbesteigung«, wundert sich unsere bergerfahrene Jüngste. Wir überqueren vorsichtig die Straße, wenden uns nach links und gleich wieder nach rechts, bis wir an der Aussichtsplattform stehen. Von hier hat man eine fantastische Sicht über die Weiten des Hohen Venns und mithilfe der Schautafel können wir die umliegenden Erhebungen benennen.

Wir folgen dem Weg in Richtung Wald nach links und lassen uns von den weiten Landschaften des Hohen Venns beeindrucken. An der nächsten Gabelung wenden wir uns nach rechts. Vorsichtig gehen wir wenige Meter entlang der Straße, überqueren diese und stehen wieder vor dem Naturzentrum.

Wetter und Klima

Im Hohen Venn beträgt die durchschnittliche Jahrestemperatur nur 6,5 Grad Celsius. Auf 230 Tage Niederschlag und 178 nebelverhangene Tage bringt es die Gegend. Der Sommer ist kurz und kühl, der Winter lang und oft sibirisch kalt bei durchschnittlich 113 Frosttagen und 78 Tagen Schnee im Jahr. Deshalb: (Regen-)Jacke bloß nicht vergessen!

23 Keine Sekunde Langeweile, versprochen!

AUF DEM WALDLEHRPFAD IN HEPPENBACH

Der Kunst- und Waldlehrpfad hält echte Aha-Erlebnisse bereit, die auch ältere Kinder begeistern. Planen Sie unbedingt genügend Zeit ein, es lohnt sich!

Los geht es am Wanderparkplatz gegenüber der Grillhütte. Ohne überhaupt einen Meter gewandert zu sein, können wir uns im Holzartenhaus informieren und gleich daneben eine Skulptur mit Waldtieren, komplett aus einem einzigen dicken Stamm geschnitzt, bewundern. Dann geht es eine zunächst asphaltierte Straße leicht bergan. Ein Holzpfeil mit blauem Punkt weist uns den Weg. Der Kurve folgen wir nicht, sondern gehen geradeaus weiter. Nun folgen fast Schlag auf Schlag sehenswerte Objekte, die immer wieder zum Ausprobieren einladen. Anders als auf vielen Schautafeln anderer Lehrpfade, die Kinder zum passiven Zuhören zwingen, laden die Mitmachstationen in

leicht   3 km   1.30 Std.   ↑ 110 m ↓ 100 m

Tourencharakter Leichte Wanderung für die ganze Familie, besonderer Genuss auch für Erwachsene, mindestens 2,5 Stunden einplanen! **Altersempfehlung** Ab 3 Jahren **Ausgangs-/Endpunkt** Wanderparkplatz an der Grillhütte, Straße »Zum Jagdhaus«, Amel-Heppenbach **GPS-Daten** 50.359361, 6.234111 **Anfahrt** E 42 Lüttich–Prüm (Sankt Vith) bis Born-Amel, dann N 659 Richtung Amel und N 658 nach Heppenbach, dort der Beschilderung »Waldlehrpfad« folgen. **Einkehr** Keine, Proviant mitnehmen. **Karte** Wanderkarte St. Vither Land & Oberes Ameltal des Verkehrsamtes der belgischen Ostkantone **Information** Tourismusagentur Ostbelgien, Hauptstraße 54, 4780 Sankt Vith, Tel. +32/80/22 76 64, www.ostbelgien.eu

Welches Holz gehört wohl zu welchem Baum?

Heppenbach dazu ein, den Wald aktiv zu erleben. Es geht auf wunderschönen Pfaden mitten durch den Wald, vorbei an einem Waldtheater, einem Baumtelefon und vielen anderen Mitmachstationen. Schließlich treffen wir auf einen breiten Forstweg, dem wir nun links folgen. Die kleine Brücke, die wir bald rechts sehen, überqueren wir und können dann an einer sehr schönen Station selbst Wasser filtern, bevor wir uns auf einen kleinen Barfußpfad begeben. Erneut geht es über schmale Wege, fast ohne Pause gibt es etwas zu entdecken. Im »Waldschlafzimmer« möchten wir alle gerne einmal einschlafen, wenigstens aber im kleinen Holzhäuschen ein bisschen Hexe spielen.

Die Kunstobjekte vermitteln besonders den Erwachsenen spannende Impulse, das Ökosystem Wald neu zu schätzen und seine Schutzbedürftigkeit immer wieder zu achten. Schließlich verlassen wir den Wald und gelangen an Weiden vorbei wieder zum Parkplatz zurück.

Der Vogelpfad

Wer Lust hat, etwas mehr zu laufen, kann in Heppenbach gleich noch den Vogelpfad erkunden.

24 Genuss pur: Brücken, Felsen, Wasser

DER BAYEHON-WASSERFALL IM HOHEN VENN

Zugegeben: Schon allein die französischsprachigen Schilder versetzen uns in Urlaubsstimmung. Aber vor allem die gewaltige Naturkulisse mit abenteuerlichen Brücken und schmalen Pfaden sorgt für beste Wanderlaune bei der ganzen Familie.

| schwer | 9 km | 4 Std. | 160 m |

Tourencharakter Sehr abwechslungsreiche Tour in imposanter Natur, mittelschwerer Weg, Abstieg zum Wasserfall schwer. **Altersempfehlung** Ab 7 Jahren **Ausgangs-/Endpunkt** Wanderparkplatz unterhalb von Longfaye direkt in der Haarnadelkurve oder entlang der Rue du Bayehon **GPS-Daten** 50.468194, 6.091694 **Anfahrt** Von Aachen über A 44 bis Eupen, dann Richtung Malmedey auf N 68, links abbiegen Richtung Longfaye. **Einkehr** Le Moulin du Bayehon (wechselnde Öffnungszeiten) **Ausrüstung** Unbedingt feste und möglichst wasserdichte Schuhe **Karte** Wanderkarte »Belgien (C)–Am Fuß des Venns« des Verkehrsamtes der belgischen Ostkantone **Information** Tourismusagentur Ostbelgien, Hauptstraße 54, 4780 Sankt Vith, Tel. +32/80/22 76 64, www.ostbelgien.eu

Direkt in der Haarnadelkurve beginnt unsere Wanderung. Wir folgen dem linken Weg entlang des Baches. Unser Symbol ist das grüne Rechteck. Schon nach wenigen Metern haben wir die Qual der Wahl: entweder links über eine kleine Holzbrücke mit einseitigem Geländer oder rechts daneben durch die Furt. Der Bach führt recht viel Wasser und so nehmen wir die Brücke. Hier, wie auch auf den vielen folgenden Brücken dieses Weges, sollten Erwachsene stets vorgehen. Denn mitunter fehlen Holzbohlen, sodass kleine Füße große Schritte machen müssen. Wir folgen dem gut ausgebauten Weg und lassen einen Pfad rechts bergan »links liegen«. Es geht direkt am Bach entlang, bis wir, der Markierung weiter folgend, rechts bergan ein kurzes, steiles Stück auf steini-

Im Becken des Bayehon-Wasserfalls kann man die Füße herrlich abkühlen.

Warum ist das Wasser so braun?

Das Wasser in den Bächen des Hohen Venns sieht oft irgendwie dreckig aus. Ist es aber nicht. Im Wasser haben sich lediglich Eisen, Mangan (auch ein Metall) und einige organische Stoffe gelöst und so die Braunfärbung verursacht. Auch die Schaumkronen sind ganz natürlich. Sie entstehen, wenn sich bestimmte Säuren im Wasser mit Sauerstoff verbinden. Das passiert besonders oft an verwirbelten Bachpassagen. Ungenießbar ist das Wassser für uns allemal.

»Die Wurzeln sehen aus wie giftige Schlangen!«

gem Pfad bewältigen. Oben angekommen könnten wir die Sitzbank für eine Pause nutzen. Viel schöner ist es aber, die kleine Schlucht vor uns hinabzuklettern und direkt am Bayehon-Wasserfall zu rasten. Neun Meter rauscht der Vennbach hier in ein natürliches Becken. Die Formel »Wasser = Spaß« stimmt mal wieder.

Wir klettern wieder zurück zum Hauptweg und gehen dann rechts leicht aufwärts einen Pfad entlang, der uns zu einer lichten Anhöhe mit Schutzhütte führt. Dahinter geht es weiter am Bachlauf entlang entgegen der Fließrichtung. Wir bewegen uns auf einem steinigen und mit Baumwurzeln durchsetzten Pfad. Hier ergeben sich ebenfalls viele Spiel- und Picknickmöglichkeiten, falls es am Wasserfall zu voll sein sollte. Immer schmaler wird der Pfad und führt durch Wacholderbüsche und Farne. Über Holzstege erreichen wir einen weiteren Picknickplatz. Hier queren wir die breite Forststraße und gehen weiter geradeaus. Bei Nässe kann es an dieser Stelle durchaus morastig werden. Links erblicken wir eine uralte Eiche, dann geht es bald links ab ins wunderschöne Tirifaye-Venn durch Moor- und Heidelandschaft mit weiter Sicht. Auch hier, auf der Hochebene des Hohen Venns, kann es

Genuss pur: Brücken, Felsen, Wasser

je nach Jahreszeit matschig werden. Der Weg mündet nun in einen breiten Forstweg. Hier passen wir auf, dass wir nach etwa 300 Metern den Pfad nach rechts nicht verpassen. Nun sind wir wieder auf feinem Grasweg durch den Wald unterwegs. Wir queren die Fahrstraße und durchstreifen nun die Schlucht entlang des Baches Pouhon, der immer wieder herausragend schöne Raststellen direkt am Wasser bietet.

Der Weg führt über eine Brücke, für kurze Zeit laufen wir rechts des Baches, dann wechseln wir bei der nächsten Bank über eine Brücke erneut die Seiten. Hier treffen sich die Bäche Pouhon und Bayehon. Nun geht es leicht bergan entlang des Bayehon, über Brücken mal links herum, mal rechts. Wir kommen direkt an der Bayehon-Mühle heraus. In Richtung Wasserfall gehen wir links die Straße hinauf und sind wieder am Ausgangspunkt.

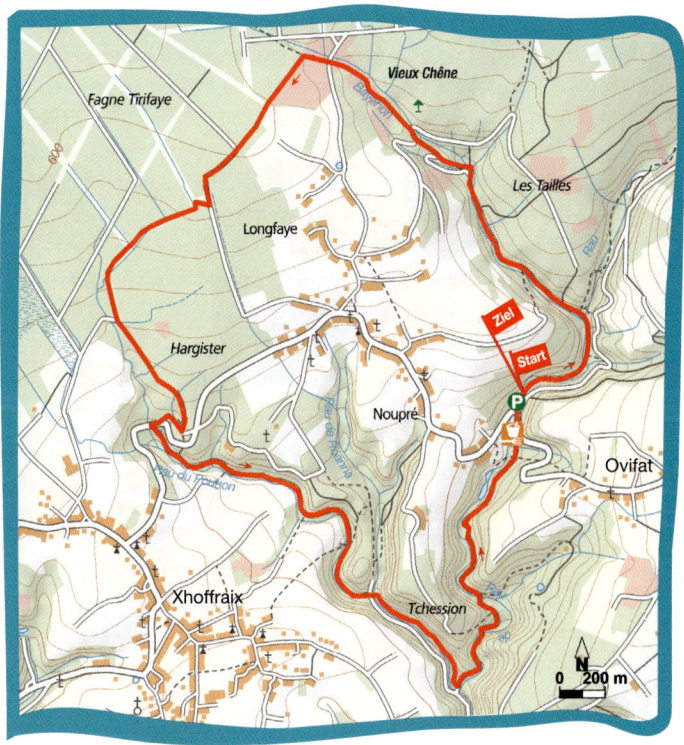

 Einbahnstraße durch stockfinstere Felsspalten

KLEINE RUNDE UM CONSDORF

Diese Tour bietet in aller Kürze maximales Abenteuer. Es geht durch stockfinstere Felsspalten und ständig über Stock und Stein. Der deutsch-luxemburgische Naturpark zeigt sich hier von seiner allerbesten Seite.

Über die Straße »Huelewee« biegen wir links auf einen kleinen Pfad ein. Wir wandern in den Wald, bis wir nach etwa 700 Metern an einer Brücke herauskommen. Nun folgen wir den Hinweisschildern zum Rittergang. Es geht immer wieder leicht bergauf und bergab über felsige Pfade. Dann führt der Weg durch die Felsspalten des »Rittergangs«. Hier kommt man notfalls noch ohne Taschenlampe aus. Aber schon wenig später, beim »Déiwepëtz«, geht es nicht mehr ohne. Es ist stockfinster. Die Kinder jubeln. Stecken geblieben ist zwar keiner, aber es ist ganz schön eng. Es kommt aber noch

| schwer | 4 km | 1.45 Std. | 114 m |

Tourencharakter Etwas anstrengendere und anspruchsvollere Abenteuerrunde, aber aufgrund der Gesamtlänge gut zu meistern. **Altersempfehlung** Ab 6 Jahren, jüngere Kinder nicht allein in die Felsspalten lassen **Ausgangs-/Endpunkt** Parkplatz in der Straße »Huelewee« oder rund um die Kirche **GPS-Daten** 49.777694, 6.336083 **Anfahrt** Über B 257 ab Bitburg nach Echternach, weiter nach Berdorf und Consdorf. Mehrere Busverbindungen ab Echternach. **Ausrüstung** Feste Schuhe, unbedingt Taschenlampe! **Karte** Wanderkarte Region Müllerthal – Kleine Luxemburger Schweiz **Information** Touristinfo Consdorf, 35, Rue Burgkapp, 6211 Consdorf, Tel. +352/79 02 71, www.mullerthal.lu/de

Immer wieder geht es durch schmale Felsspalten …

... und wo kein Durchkommen ist, hilft der stärkste Papa der Welt.

besser. Denn nur einige hundert Meter weiter entlang des Pfades stehen wir vor einem echten Abenteuer: der Kohlscheuer. Ein Hinweisschild weist uns nach rechts oben, sodass wir das »Adventure Kohlscheuer« in vollen Zügen an vier Stationen genießen können. Die kleinen Höhlenforscher preschen voran, wir Erwachsenen hinterher. Nun wird es richtig, richtig dunkel. Ohne Taschenlampe ist der Schacht nicht zu begehen. Noch dazu ist es so eng, dass Gegenverkehr ein echtes Problem werden würde, weshalb selbst für Wanderer ganz offiziell Einbahnverkehr vorgesehen ist. Nicht genug damit: Wer nicht aufpasst, kann sich den Kopf ordentlich stoßen. Für die Kinder eröffnet sich hier ein wahres Paradies. Während die Erwachsenen nach der Erkundung auf einem Fels ausruhen, begehen die Kinder die Runde ein zweites Mal. Dann müssen wir unter Protest und mit dem Versprechen, hierher auf jeden Fall bald wieder zu kommen, doch weiter. Furchtsame lassen das Abenteuer besser aus und gehen in Richtung Steebach weiter. Wenige Meter weiter treffen die Wege wieder aufeinander. Unser nächstes Ziel ist

Kanu fahren

Eine Fahrt mit dem Kanu ist auch eine gute Möglichkeit, um die Gegend weiter zu erkunden. Der Fluss Sauer ist eine gute Wahl.

der Rastplatz, den wir von oben schon sehen können. In einer Kehre geht es abwärts. Wir queren die Brücke und wandern dann bergauf. Erst geht es noch ein Stück durch den Wald, dann durch Weiden. Nun halten wir uns immer am Waldrand geradeaus und kommen schließlich wieder zum Ausgangspunkt zurück.

 Quer durch die Schluchten des Müllerthals

SCHIESSENTÜMPEL UND EULENBURG

Schluchten so eng, dass wir nur quer durchpassen, dazu ein romantischer Wasserfall und immer wieder Felsen, Felsen, Felsen: Auf dieser Tour erwandern wir einen der schönsten Abschnitte des Müllerthals.

Wir folgen der Rue des Moulins bis ans Ende, vorbei an der Touristinfo. Vor dem Campingplatzgelände halten wir uns rechts. Nachdem wir den Belleger Bach über eine kleine Brücke gequert haben, folgen wir dem Mullerthal Trail in Richtung Schiessentümpel. Nur wenige Minuten, dann sind wir da. Der Wasserfall zählt zu den beliebtesten Fotomotiven im Müllerthal.

Wir überqueren die Straße und steigen gegenüber einige Stufen bergauf. Nun wird es immer felsiger. Wir kommen an eine weitere Straße, die wir überqueren, und wandern schließlich zur Eulenburg. Auch die weite-

schwer	10 km	3.45 Std.	200 m

Tourencharakter Abenteuerliche Runde für trittsichere Kinder. Der Weg weist insgesamt keine großen Anstiege auf, ist durch das ständige Auf- und Ab dennoch recht sportlich. **Altersempfehlung** Ab 6 Jahren **Ausgangs-/Endpunkt** Großer Parkplatz an der Heringer Mühle, Rue des Moulins **GPS-Daten** 49.790722, 6.306417 **Anfahrt** Über B 257 ab Bitburg nach Echternach, weiter über Consdorf nach Müllerthal. Mehrere Busverbindungen ab Echternach. **Ausrüstung** Feste Schuhe, Taschenlampe **Karte** Wanderkarte Region Müllerthal – Kleine Luxemburger Schweiz **Information** Touristcenter Heringer Millen, 1, Rue des Moulins, 6245 Mullerthal, Tel. +352/87 89 88, www.mullerthal.lu/de

Quer durch die Schluchten des Müllerthals

Pause in der »Kleinen Luxemburger Schweiz«

ren Felsschluchten, die wir gleich erreichen, haben klangvolle Namen: Die Goldfralay lädt mit einem großen »Entree« dazu ein, über enge Stufen und durch dunkle Spalten zu kraxeln. Eine Taschen- oder Stirnlampe brauchen wir nicht unbedingt, aber echte Höhlenforscher gehen natürlich nicht ohne. Buchstäblich hinter jeder Kurve warten nun neue bizarre Felsformationen darauf, von den Kindern entdeckt zu werden. Längst ist uns klar, warum das Müllerthal auch als »Kleine Luxemburger Schweiz« bezeichnet wird. Nach der Goldkaul kommen wir nach etwa

Ausflug nach Echternach

Echternach, die älteste Stadt Luxemburgs, liegt ganz in der Nähe und ist einen Besuch wert.

1,5 Kilometern an eine Straße, die wir geradeaus überqueren. Noch ein kleines Stück, dann geht es links über ein Brückchen in Richtung Consdorf. Erst durch den Wald, dann über eine Weide erreichen wir nach knapp einem Kilometer das kleine Örtchen.

Wir halten uns links Richtung Kirche und erreichen über die »Rue Buurgkapp« den Campingplatz »La Pinede«. Gegenüber der Touristinfo geht es an einer Infotafel über Stufen hinab in den Wald. Kurz darauf überqueren wir eine Brücke. Auf der gegenüberliegenden Seite können wir den Wegverlauf schon gut sehen. Jetzt steigt der Pfad immer wieder ordentlich an. Wir erreichen die Budderkammer-Felsen und überschreiten eine weitere Brücke. An der Schelmenlay legen wir eine Pause ein. Nun geht es mit Wegzeichen C6 wieder hinauf. Über Stufen steigen wir zur Rammelay auf und verlassen dafür für wenige Meter den Pfad. Wieder zurück geht es abwärts, bis wir auf einen Querweg kommen. Wir folgen ihm nach links und stehen kurz darauf an einem Abzweig, der uns nach rechts führt. Am nächsten Querpfad geht es mit dem M-Logo bis zu einem Haus und weiter zur Straße. Weil der Weg über den Bach gesperrt war, müssen wir der Straße nach links folgen. Vorbei am Hotel »Cascades du Mullerthal« gelangen wir wieder zum Ausgangspunkt.

Der Schiessentümpel gehört zu den beliebtesten Fotomotiven im Müllerthal.

»Hilfe, der Dino hat keine Zähne geputzt!«

Südlicher Teil

27 Sehenswerte Laune der Natur

VON DER NOHNER MÜHLE ZUM WASSERFALL DREIMÜHLEN

Der Wasserfall Dreimühlen ist der größte und sicher einer der interessantesten Wasserfälle in der Vulkaneifel. Kein Wunder also, dass hier viel los ist. Mehrere Wasserstellen bieten naturnahe Spielmöglichkeiten.

Wir wenden uns Richtung Wald und gehen an der ersten Kreuzung links, vorbei an einem Wohnhaus und einer kleinen Kapelle. Wenige Schritte später stehen wir vor der Nohner Mühle. Wir heben uns eine Einkehr in das urige Ausflugslokal für den Rückweg auf, gehen weiter und überqueren die in Sichtweite liegende kleine Holzbrücke. Wir, das sind die Erwachsenen. Die Kinder waten lieber durch die kleine Furt, die wenig Wasser führt. Weiter geht es über einen bequemen Schotterweg, der auch mit Kinderwagen oder Laufrad sehr gut zu bewältigen ist. Der links liegende Bach führt im Frühjahr Wasser. Immer wieder laden kleine Pfade ein, direkt am Wasser eine Spielpause einzulegen. Im Sommer ist der Weg durch das dann ausgetrocknete Flussbett natürlich spannend. Ohne Schwierigkeiten und

leicht | 3 km | 1 Std. | 31 m

Tourencharakter Leichte Rundtour, Rückweg über Eifelsteig bei Nässe eventuell rutschig. Die Tour ist auch im Winter sehr schön, wenn der Wasserfall voller Eiszapfen hängt. **Altersempfehlung** Ab 3 Jahren **Ausgangs-/Endpunkt** Parkplatz an der L 68 in der Nähe der Nohner Mühle **GPS-Daten** 50.321299, 6.779251 **Anfahrt** Über L 68, Parkplatz an der Straße. **Einkehr** Nohner Mühle mit viel Flair im schönen Innenhof **Karte** Wanderkarte Nr. 11 des Eifelvereins **Information** Touristinformation Hillesheim, Tel. 06593/80 92 00, www.hillesheimer-gerolsteiner-land.de

Am und im Fluss haben Kinder im Sommer viel Spaß.

Durch die Furt oder über die Brücke? Für Kinder keine Frage.

Ein Wasserfall, der wächst

Das Wasser des Wasserfalls Dreimühlen fällt über eine Breite von gut zwölf Metern über Klippen bis zu sechs Meter tief ins Ahbachtal – und das seit mindestens der letzten Eiszeit vor etwa 10 000 Jahren. Geologisch ist der heutige Wasserfall allerdings ganz jung: Erst Wegebau- und Bahntrassenarbeiten Anfang des 20. Jahrhunderts haben ihn entstehen lassen. Damals wurden drei Karstquellen oberhalb des heutigen Wasserfalls in einem Ablauf zusammengeführt, der nun den bemoosten Vorsprung hinabstürzt. Im Wasser ist Kalziumkarbonat enthalten, das sich an der Kante absetzt. So »wächst« der Wasserfall ständig.

Anstiege führt der Weg bis zu einer weiteren kleinen Brücke. Gegenüber sehen wir nun schon das Highlight dieser gemütlichen Tour: die Wasserfälle Dreimühlen. Am Wochenende ist hier einiges los. Flip-Flops und Sandalen sind hier ebenso vertreten wie feste Wanderschuhe. Ruckzuck stehen wir barfuß im acht Grad Celsius kalten Wasser – herrlich! Das kleine Becken am Wasserfall ist auch für jüngere Kinder gut geeignet, das Wasser umspielt gerade gut die Füße. Während wir Großen dann den schönen Picknickplatz direkt am Wasserfall ansteuern, zieht es die Kinder in den Ahbach, der stellenweise und je nach Jahreszeit recht tief sein kann und nichts für Nicht-

Acht Grad kaltes Wasser erfrischt müde Füße.

schwimmer ist! Noch ehe das Brötchen ausgepackt ist, ist es passiert: Die Jüngste ist im Wasser ausgerutscht. Hose, Unterhose, T-Shirt – alles nass. Mit Wechselklamotten kann die Wanderung trotzdem bald weitergehen. Für den schönen Blick und eine weitere nette Wasserstelle oberhalb des Wasserfalls laufen wir rasch die Holzstufen hinauf und queren den Radweg. Barfuß waten wir auch hier ein bisschen im Wasser herum, dann geht es zurück zum Picknickplatz.

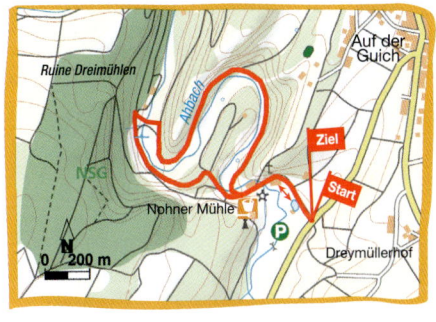

Hinter dem Rastplatz führt ein schmaler Pfad entlang des Baches zurück. Er ist Teil des Eifelsteigs und bei trockenem Wetter und festem Schuhwerk problemlos zu gehen. Wer mit sehr kleinen Kindern oder Kinderwagen unterwegs ist, sollte für den Rückweg aber lieber den Hinweg über den Schotterpfad wählen. Wir genießen den abwechslungsreichen Weg parallel zum Bach und sind viel zu schnell wieder an der ersten Brücke. So haben wir aber noch ausreichend Zeit, in der Nohner Mühle ein Eis zu genießen.

28 Vom Eifelturm die Vulkane im Blick

DAS BOOSER DOPPELMAAR

Kleine und große Vulkanforscher begeistert die Tour in die Tiefen der Erdgeschichte. Eine Lavabombe ist für uns heute ganz ungefährlich, aber sehr beeindruckend. Vom Eifelturm haben wir einen einzigartigen Blick auf die Kraterlandschaft, die vor 35 000 Jahren entstanden ist.

Mit Blick zur Straße gehen wir rechts über einen schmalen Pfad hinab zum eigentlichen Startpunkt der Tour am Altparkplatz Schemel. Unser Begleiter ist ab nun das Schild »Traumpfad«, wir gehen jetzt Richtung Lavabombe. Schon nach wenigen Metern können wir links das Westmaar sehen. Kurz darauf steht uns der einzige kurze Aufstieg auf den Kraterrand bevor. Oben angekommen wenden wir uns nach links und treffen nach wenigen Schritten auf eine Grillhütte mit Rastmöglichkeit. Wenig später sind wir an der Lavabombe und richtig beindruckt von dem »krassen Blick ins Erdinnere« (O-Ton Sohn). Den Infotafeln entnehmen wir, dass ein 250 Kilogramm schwerer Brocken aus dem Vulkanschlot des Ostmaars hierhin geschleudert worden ist. Durch die Wucht des Aufpralls haben sich die umliegen-

| leicht | 9 km | 3.30 Std. | 146 m |

Tourencharakter Einfache Wanderung, die nur etwas Kondition erfordert. **Altersempfehlung** Ab 6 Jahren **Ausgangs-/Endpunkt** Wanderparkplatz der Vulkanparkstation »Booser Doppelmaar« an der L 94 **GPS-Daten** 50.310361, 7.003028 **Anfahrt** A 48 bis Mayen, dann B 258 Richtung Nürburgring und B 410 nach Boos. Hinter Boos auf der L 94 Richtung Nürburgring. **Einkehr** Keine **Karte** Wanderkarte Nr. 32 des Eifelvereins **Information** Touristikbüro der Verbandsgemeinde Vordereifel, Kelberger Straße 26, 56727 Mayen, Tel. 02651/80 09 95, www.traumpfade.info

Als Folge der Booser Vulkanausbrüche entstand das wellenartige Erdprofil.

den Erdschichten verformt, sodass ein Wellenprofil entstanden ist. Wer will, kann nun die Tour ein klein wenig abkürzen und direkt den Aufschluss (so heißt der Einschlag in der Fachsprache, das Wort taucht auf vielen Tafeln auf) hinaufklettern. So kommt man direkt zum Booser Eifelturm.

Wir gehen zurück auf den Hauptweg und sind ebenfalls nach wenigen Metern auf dem kurzen Zuweg zum Eifelturm, den wir schon von Weitem gesehen haben. Schätzt mal, wie viele Stufen Ihr gleich hochsteigen dürft … Bevor wir uns auf den Weg nach oben machen, versuchen wir natürlich, uns alle sechs in das Holztipi vor dem Turm zu quetschen. Es gelingt, aber gemütlich ist anders. Gut, dass hier auch genügend Rastbänke auf Vulkanforscher warten. Zwei, drei Bänke folgen im Laufe der Tour noch, die aber bei gutem Wetter häufig belegt sind.

Der Nürburgring

Die bekannteste Rennstrecke der Welt liegt ganz in der Nähe. Eine Besichtigung ist nicht nur für Motorsportfans interessant!

Ausblicke

Der Booser Eifelturm steht auf dem 557 Meter hohen Schneeberg. Für den Bau wurden unter anderem 100 Jahre alte Douglasienstämme verwendet. Von oben könnt Ihr gut die erloschenen Vulkankegel der Eifel erkennen. Bei klarem Wetter seht Ihr die Ruine der Nürburg (678 m), einen Teil des Nürburgrings und natürlich die Hohe Acht (747 m). Das ist der höchste Berg der Eifel, er ist über 700 Meter hoch.

Mit Ausblicken ist es ja immer so eine Sache. Die Erwachsenen sind fast immer begeistert, die Kinder langweilen sich oft schnell. Der 25 Meter hohe Booser Eifelturm macht seinem Namensvetter in Paris alle Ehre und bietet bei klarem Wetter fantastische Blicke über die Eifel und ihre erloschenen Vulkankegel – an Veranstaltungswochenenden am Nürburgring ist auch eine dezente Geräuschkulisse von den Motoren zu hören.

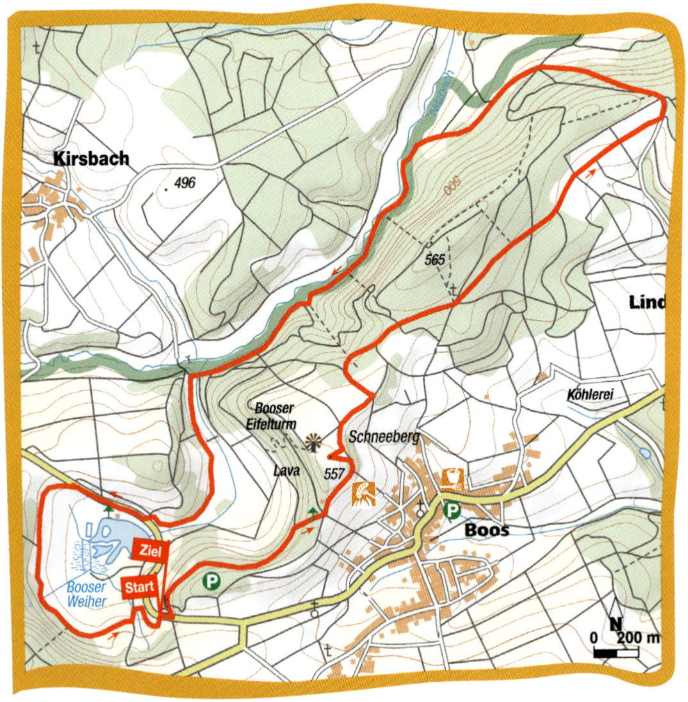

Vom Eifelturm die Vulkane im Blick

Keine Bank? Kein Problem mitten im Wald!

Wer das nun folgende Nitzbachtal auslassen möchte, kann hinter dem Holzturm den »Kraterweg« um die Maare herum gehen. Allerdings ist hier aufgrund einer gesperrten Brücke (aktuelle Infos auf der Homepage der Gemeinde Boos) ein kleiner Umweg erforderlich.
Immer in Richtung Nitzbachtal wechseln sich nun Waldpassagen und Felder ab. Schließlich führt der Traumpfad wieder in den Wald hinein und dann am Waldrand entlang, mit schönem Blick auf die Hohe Acht und über eine Wiese. Nun müssen wir kurz aufpassen. An der Weggabelung mit Infotafel zum Stumpfarmweg, den wir hier kreuzen, geht es nach links. Links sehen wir die schon erwähnte gesperrte Brücke und können hier besonders schön den Vulkankegel erkennen. Er formt die Landschaft wie ein sachter Trichter. Schließlich erreichen wir die L 94. Wir gehen ein kurzes Stück parallel und überqueren dann die Landstraße. Links sehen wir unseren Startpunkt schon wieder. Wir gehen aber, dem Weg folgend, noch eine kleine Runde um den Maarsee. Zum Schluss queren wir erneut die Landstraße und kommen über den Pfad zurück zum Parkplatz. Übrigens: Es sind 125 Stufen …

29 Mittelalterliches Flair und Fachwerkkulisse

DIE BURGEN VON MONREAL

Hoch über dem pittoresken Ort thronen die benachbarten Burgruinen der Löwen- und Philippsburg, die wir auf schönen Pfaden gleich beide erobern. Anschließend lassen wir uns in den verwinkelten Gassen und hübschen Fachwerkhäusern von Monreal in Mittelalterstimmung versetzen.

Mit dem Stellwerk im Rücken starten wir nach rechts und kommen durch eine Unterführung zum Sportplatz. An diesem vorbei geht es noch ein Stück auf dem breiten Weg. Dann beginnt am Schild des Gasthauses Thelen nach rechts der ziemlich steile Aufstieg zur Philippsburg. Einige Stufen helfen uns über schwierigere Abschnitte hinweg. Orientieren können wir uns vor-

mittel   4 km   1.45 Std.   152 m

Tourencharakter Wegen der Steigung mittelschwere Wanderung für trittsichere Kinder. Kurze steilere Auf- und Abstiege. Nicht für Kinderwagen geeignet. Wer nur mit dem Kinderwagen unterwegs ist, lässt die Burgen aus und spaziert am Anfang Richtung Ortsmitte. **Altersempfehlung** Ab 6 Jahren **Ausgangs-/Endpunkt** Parkplatz am Bahnhof **GPS-Daten** 50.295998, 7.153271 **Anfahrt** A 48 Abfahrt Mayen, B 262 Richtung Mayen, rechts B 258 Richtung Nürburgring, rechts auf L 98 bis Monreal, am Ende von Monreal rechts auf L 96 Richtung Uersfeld/Kelberg, rechts Parkplatz Bahnhof. Mit der Bahn bis Bahnhof Monreal. **Einkehr** Stellwerk Weinschänke und Restaurant am Parkplatz, viele Möglichkeiten im Ortskern **Karte** Wanderkarte Nr. 32 des Eifelvereins **Information** Touristinfo, Obertorstraße 7, 56729 Monreal, Tel. 02651/80 09 95, www.monrealeifel.de

Fast wie im Mittelalter: die verwinkelten Gassen von Monreal

Der schmale Pfad führt durch wunderschönen Wald.

erst am Schild »Traumpfad Monrealer Ritterschlag«. Der Weg ist nichts für Kinderwagen, aber trotz der gut 100 Höhenmeter für Kinder schön, denn es geht in Kehren über Stock und Stein. Schließlich erreichen wir offenes Feld- und Wiesenland. Wir passieren eine schöne Liege mit grandioser Aussicht und halten uns weiter an das Traumpfadlogo. Abzweige nach Monreal ignorieren wir. So gelangen wir schließlich über einen kleinen Abstecher zur Ruine Philippsburg. Zurück auf dem Weg geht es nun Richtung Löwenburg. Der Pfad durch den Wald ist wunderschön, die knapp 400 Meter bis zu der Ruine sind ruckzuck gelaufen. Vor der Ruine können wir bereits an einer Bank über Treppen nach Monreal absteigen. Wir wollen aber die Burg erobern und erkunden ausführlich das Gelände. Während die Kinder ein bisschen Verstecken spielen, erfreuen sich die Erwachsenen an der wunderschönen Aussicht auf Monreal. Dann geht es auf der anderen Seite der Burg

Mittelalterliches Flair und Fachwerkkulisse

Hoch über dem Städtchen thronen die beiden Burgruinen.

in Kehren über einen schmalen Pfad steil nach unten. Unterwegs passieren wir noch einige Bänke und eine überdachte Aussichtshütte. Schließlich kommen wir wieder mitten im Ort an. Zum Parkplatz geht es nun nach rechts über die Kirchstraße und das Gasthaus »Altes Pfarrhaus«.

Wir erkunden noch das urige Örtchen mit seinen schmalen, verwinkelten Gassen und den hübschen Brücken. Dann geht es wirklich zurück zum Parkplatz.

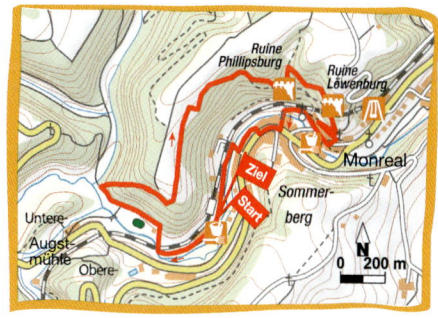

30 In die »Augen der Eifel« blicken

ZU DEN DAUNER MAAREN

Clara Viebig, eine Dichterin aus der Eifel, hat die tiefblauen Maare einst die »Augen der Eifel« genannt. Tatsächlich liegen die Dauner Maare wie Perlen aufgereiht nebeneinander. Für Kinder das Beste: In einigen darf man auch schwimmen. Konditionsstarke Wanderer umrunden alle drei, alle anderen lassen ein oder zwei Maare einfach aus.

Ab Parkplatz gehen wir zur K 1, dort nach links ein Stück aufwärts und am Johannes-Heiligenhäuschen links in die Straße »Auf Koop« auf den Rundweg 2. Nach etwa 800 Metern halten wir uns an einer Gabelung rechts. Nun geht es den Berg kurz steil hinauf, wir folgen dem Rundweg 3 und biegen

| mittel | 8,5 km | 3.15 Std. | 220 m |

Tourencharakter Einfache Wanderung mit Eseln und Ziegen am Weg sowie Schwimm- und Einkehrmöglichkeiten. Die Tour kann sehr gut abgekürzt werden. **Altersempfehlung** Aufgrund der Länge ab 6 Jahren oder jünger bei entsprechender Kondition **Ausgangs-/Endpunkt** Parkplatz an der Touristinformation in der Ortsmitte in der Nähe der Pfarrkirche St. Martin. Es empfiehlt sich, die Tour in Schalkenmehren oder am Gemündener Maar zu beginnen, wenn ein Schwimmbadbesuch geplant ist. **GPS-Daten** 50.166139, 6.859806 **Anfahrt** A1 bis Mehren, dann Beschilderung nach Schalkenmehren. **Einkehr** Am Gemündener Maar im Waldcafé (mit Biergarten) und in Schalkenmehren **Kosten** Naturfreibad Schalkenmehren, Erw. 4 €, Kinder 2,50 €. Geöffnet wetterabhängig von Mitte April bis Anfang Oktober, 10 bis 18.30 Uhr, Tel. 06592/175 32 81. **Karte** Wanderkarte Nr. 20 des Eifelvereins **Information** GesundLand Vulkaneifel, Leopoldstraße 9a, 54550 Daun, Tel. 06592/95 13 70, www.gesundland-vulkaneifel.de

Frei laufende Esel sind für die Kinder ein besonderes Highlight.

zweimal links ab. So umrunden wir entgegen des Uhrzeigersinns das Schalkenmehrener Maar zu etwa zwei Dritteln. Rechts geht es nun ein kurzes Stück bergauf zum »Maarsattel« mit schöner Aussicht auf das blau schimmernde Wasser. Dann steigen wir kurz auf zur Bundesstraße, überqueren diese und gehen links um das Weinfelder Maar (auch Totenmaar genannt). Der nun folgende Abschnitt ist überaus kurzweilig, denn wir sind in Gesellschaft ganz besonderer Landschaftspfleger: Esel laufen hier gemächlich frei herum. Sie sorgen gemeinsam mit ebenfalls frei laufenden Ziegen dafür, dass die Landschaft rund um die Maare nicht zuwuchert. »Oh, sind die süüüüß!«, begeistert sich unsere Jüngste und möchte einen der Esel am liebsten direkt mit nach Hause nehmen.

Das Totenmaar

Im 16. Jahrhundert wurde das Dorf Weinfeld aufgegeben, nachdem dort die Pest gewütet hatte. Übrig geblieben ist die ehemalige Pfarrkirche von Weinfeld. Das Weinfelder Maar erhielt deshalb die Bezeichnung »Totenmaar«.

Vor lauter Tieren haben wir gar keinen Blick mehr für die Landschaft, dabei lohnt es sich auf dieser Tour ganz besonders, die »Augen der Eifel« zu bewundern. Auf zusehends schmalerem Pfad nähern wir uns einer Wegekreuzung und halten uns links. Nach oben geht es nun die letzten Meter zum 560 Meter hohen Mäuseberg. Von hier hat man einen schönen Rundumblick und kann gut rasten. Die Magerweiden liegen allerdings in der prallen Sonne. So machen wir uns bald wieder auf, um den nur wenige Meter entfernten, elf Meter hohen Dronketurm zu besteigen. Er ist dem Gründungsvater des Eifelvereins, Dr. Adolf Dronke, gewidmet. Wenige Schritte dahinter liegt die Maarschaukel, eine Art Hollywoodschaukel mit fantastischem Ausblick. Wir haben Glück und die Schaukel ist frei. Und sie liegt im Schatten, heute ein

Eifel-Vulkanmuseum in Daun

Hier könnt Ihr selbst einen Vulkan erzeugen – per Knopfdruck und ganz ungefährlich! Infos unter www.eifel-vulkanmuseum.de.

Herrlich, so eine Ruheliege!

In die »Augen der Eifel« blicken

riesiger Vorteil. Eigentlich wollen wir gar nicht mehr aufstehen, aber da es erst einmal bergab geht, raffen wir uns doch auf. Auf schmalem, schönem Pfad gelangen wir ohne Probleme zum Restaurant Waldcafé am Gemündener Maar. Der Biergarten ist durchaus verlockend, aber wir haben noch ein Stück Weg vor uns und gehen weiter in Richtung Kriegerdenkmal und dann gegenüber auf einen Pfad. An einer Weggabelung halten wir uns links und kommen bergan zu einem Parkplatz, den wir überqueren. Vorbei an einem Skilift geht es nun bergan, bis wir rechts abbiegen und fast parallel zur Bundesstraße bis zur Weinfelder Kapelle wandern. Das Läuten der Glocke soll Glück bringen!

Wir folgen dann dem Rundweg im Uhrzeigersinn um das Weinfelder Maar und kommen so automatisch wieder an der Bundesstraße heraus, die wir vom Hinweg schon kennen. Nun geht es rechts abwärts nach Schalkenmehren. Der Weg gabelt sich und wir wählen den linken Weg. Über Stufen entlang des Eifelsteigs gelangen wir auf einen breiten Forstweg, der uns an schönen Wiesen mit Kirschbäumen schließlich direkt am Naturfreibad vorbeiführt. Im Ort biegen wir links ab und gelangen so zum Parkplatz. Jetzt wird es höchste Zeit, ins Schalkenmehrener Maar zu springen.

31 Alpines Panorama mit geheimnisvoller Höhle

DER GEROLSTEINER FELSENPFAD

Der Gerolsteiner Felsenpfad ist eine sehr kurzweilige Erlebniswanderung mit den markanten Dolomitfelsen, einer großen Höhle und einem Vulkankrater. Der Wasserspielplatz und die Helenenquelle ergeben ein schönes Gesamtpaket.

 mittel   8 km   3.15 Std.  220 m

Tourencharakter Mittelschwere Wanderung mit einigen Anstiegen, im Herbst mit Laubfärbung besonders schön. **Altersempfehlung** Ab 6 Jahren **Ausgangs-/Endpunkt** Bahnhof Gerolstein, Parkplatz dahinter **GPS-Daten** 50.223417, 6.659750 **Anfahrt** A 1 bis Vulkaneifeldreieck/Abfahrt Richtung Gerolstein. Mit dem Zug bis Bahnhof Gerolstein. **Ausrüstung** Feste Schuhe, Jacke und eventuell Taschenlampe für die Höhle, kleiner Hammer für den Geoacker **Einkehr** In der Kasselburg und in Gerolstein **Karte** Wanderkarte Nr. 19 des Eifelvereins **Information** Touristinformation Gerolsteiner Land, Bahnhofstraße 4, 54568 Gerolstein, Tel. 06591/94 99 10, www.hillesheimer-gerolsteiner-land.de

Wir folgen der Straße über die Brücke und gehen den Albertinumweg aufwärts in das Wohngebiet, Richtung Munterley. Rechts biegen wir auf einen Waldpfad ab und folgen ab jetzt dem Markierungszeichen »Gerolsteiner Felsenpfad«. Einige Gipfel sind besonders markant. Ihr Aussehen erinnert an die trutzigen Zinnen einer Burg und verleiht der ganzen Gegend ein fast schon alpines Panorama. Das Gestein, der Dolomit, ist derselbe wie in den Südtiroler Dolomiten. Sie heißen deshalb »Gerolsteiner Dolomiten«. Der bekannteste Gipfel mit schöner Aussicht ist die 482 Meter hohe Munterley, die wir nach einigen anstrengenden Kehren bald erreichen. Eine Schutzhütte und Bänke laden auf dem Plateau zu einer ersten Rast ein. Der Felsenpfad und der

Gewaltige, moosbewachsene Felsen verleihen dem Wald ein magisches Aussehen.

Keltenpfad bilden gemeinsam die »Gerolsteiner Dolomiten Acht«. Auf dem Plateau ist der Wegverlauf mit Steinen gelegt und wird gleich mehrmals von den Kindern mit »Siebenmeilen-Wanderstiefeln« beschritten.

Die richtige Wanderung führt gemütlich leicht bergan über einen Wiesenpfad in den Wald. Wir passieren ein großes Holzkreuz und folgen weiter der Markierung, die uns über eine Treppe bergab und dann bis zum Eingang der Buchenlochhöhle führt. Über Holztreppen erreichen wir das Innere der mehr als 30 Meter langen Karsthöhle – für Kinder sicherlich das Highlight dieser Tour. Zwar kann man die Höhle auch ohne zusätzliche Ausrüstung gut betreten. Aber natürlich haben abenteuerlustige Kinder eine Lampe dabei und wollen genauer wissen, was sich in den wirklich stockdunklen Ecken so verbirgt. Schließlich fanden schon in der letzten Eiszeit Menschen und Tiere hier Zuflucht.

Wie kommt das Wasser in die Flasche?

Wer wissen will, wie das Gerolsteiner Wasser in die Flaschen kommt, kann montags bis freitags um 15 Uhr an einer kostenlosen Führung im Besucherzentrum des Gerolsteiner Brunnens teilnehmen.

Nun geht es weiter entlang der Felsen auf einem schmalen, bei Nässe sehr rutschigen Pfad bergab zum Rand der Papenkaule. Vor ca. 30 000 Jahren ist an dieser Stelle ein Vulkan ausgebrochen. Der Krater der Papenkaule ist die am deutlichsten sichtbare Eruptionsstelle im Munterley-Plateau.

Kasselburg

Rund um die Kasselburg ist ein Adler- und Wolfsparkgehege. In der Wolfsschlucht lebt das größte Wolfsrudel Westeuropas. Außerdem gibt es mehrmals täglich Greifvogel-Flugschauen.

Unser Weg führt nun über Wiesen an einem Haus vorbei in den Wald. Wir biegen links in den Forstweg ein und gehen in Kehren bergab, bis wir einem Pfad nach rechts folgen müssen. Links sehen wir nun das Werksgelände der Gerolsteiner Brunnen. Unser nächstes Ziel ist der etwa 800 Meter entfernte Geoacker an der Vulkankuppe Kasselburger Hahn. Wir queren die Straße, folgen dem Pfad einige Meter parallel zur Straße und sind kurz darauf am Geoacker. Hier finden kleine und große Geoforscher die vier Hauptgesteinsarten der Vulkaneifel: Basalt, Dolomit, Kalk- und Sandstein. Hämmern, zerbröseln, auseinanderbrechen: Kinder können nach Herzenslust die verschiedenen Gesteine erforschen. Der Rastplatz hier ist einer der schönsten in der Eifel.

Gestärkt erklimmen wir nun die Holzleiter am Ende des Platzes und gehen weiter auf schönem Waldweg. Ein Abstecher nach links könnte uns nach etwa 300 Metern zur Kasselburg führen. Wir heben uns das Ziel für einen eigenen Ausflug auf und halten uns nach rechts Richtung Gerolstein. Unmittelbar vor der Straße verläuft der Weg links über einen gemähten Pfad in Richtung Burg. Dann queren wir die Straße und gehen geradeaus auf dem Wiesenpfad weiter. Schließlich erreichen wir das riesige Gelände eines Steinbruchs und kommen zum Kletterfelsen Hustley und zum Juddekirchhof. Abwärts geht es nun in Kehren auf dem Eifelsteig nach Gerolstein. Über die Eselbrücke geht es rechts über die Mühlen- und die Hauptstraße durch die Stadt bis zum Kurpark. Nun sind die Wasserspiele auf dem Spielplatz an der Reihe! Am Mineralwasserbrunnen der Helenenquelle probieren wir das leicht kohlensäurehaltige Wasser. Von hier geht es in wenigen Minuten über die Brücke zum Parkplatz zurück.

Am Wasserspielplatz Kyllpark kann man sich nach der Wanderung gut abkühlen.

32 Mutige Höhlenforscher voraus!

DIE BIRRESBORNER EISHÖHLEN

Diese Wanderung gehört zu den absoluten Highlights in der Region. Der Weg ist nicht allzu lang, aber gespickt mit interessanten Mitmachstationen im Wald. Die großen Eishöhlen sind überragend.

Wir starten über die Kylltalbrücke die Bahnhofstraße entlang, dann rechts auf der L 24 bis zur Kirche. Hier geht es links entlang der Fischbachstraße und über den Fischbach. Wir wandern die Straße »Im Steinreich« aufwärts und an einer Gabelung in den Wald auf den Waldlehrpfad. Nun warten auf breitem Forstweg etliche Mitmachstationen auf uns, dabei orientieren wir

| leicht | 5 km | 2 Std. | 145 m |

Tourencharakter Einfache und sehr informative Wanderung mit spektakulärer Höhlenbesichtigung. Die Tour ist perfekt an heißen Tagen, aber bei entsprechender Bekleidung auch ein Ziel für kühle oder nasse Tage. **Altersempfehlung** Ab 4 Jahren **Ausgangs-/Endpunkt** Ortsmitte Birresborn oder am Bahnhof **GPS-Daten** 50.175611, 6.628361 **Anfahrt** A 1 bis Autobahnende, dann B 410 Richtung Prüm, links abbiegen nach Birresborn. Parkplatz in der Ortsmitte, ab hier ca. 2 Kilometer bis zu den Eishöhlen. Mit der Bahn bis Bahnhof Birresborn, ab hier ca. 50 Minuten reine Gehzeit bis zu den Höhlen. **Einkehr** Eventuell in Birresborn, unterwegs auf jeden Fall Verpflegung mitnehmen. **Ausrüstung** Unbedingt feste Schuhe, Jacke auch im Sommer, Taschenlampe, eventuell Helm **Karte** Wanderkarte Nr. 19 des Eifelvereins **Information** TW Gerolsteiner Land, Bahnhofstraße 4, 54568 Gerolstein, Tel. 06591/94 99 10, www.hillesheimer-gerolsteiner-land.de

Mutige Höhlenforscher voraus!

Eine gute Taschenlampe gehört heute ins Gepäck!

uns am Wegweiser »Eishöhlen«. Es sind so viele, dass wir gar nicht alles lesen und erkunden können. Auch Kinder, die häufig auf Waldlehrpfaden unterwegs sind, werden die originell und teils sehr aufwendig präsentierten Fakten rund um den Wald schätzen. Wir können beispielsweise selbst ein echtes Geweih aufsetzen, einen Specht im Totholz bewundern oder die unterschiedlichen Samen der Bäume im Wald vergleichen.

So arbeiten wir uns langsam, ganz langsam auf fast ebenem Weg vor, später geht es leicht aufwärts. Am Abzweig weist uns ein Schild darauf hin, dass wir nur noch 200 Meter von unserem eigentlichen Ziel, den Eishöhlen, entfernt sind. Der Weg wird nun unebener und felsiger. Wir passieren einen historischen Kohlemeiler und kommen zu einer großen Picknickfläche mit Blick auf den Vulkan Kalem. Hier geht es rechts ab. Versteckt hinter großen Lavabrocken liegt ein Höhleneingang. Wir kommen näher und noch vor dem

Eingang wird es spürbar kälter, denn die kalte Luft aus den Höhlen strömt durch die schmalen Öffnungen hinaus. Selbst die Jungs kramen noch schnell die Jacken aus den Rucksäcken, die Taschenlampen auch und dann geht der Mutigste voran. In den Höhlen ist es stockdunkel, eine ordentliche Taschenlampe ist unbedingt notwendig! Erst müssen wir uns bücken, dann öffnet sich der Raum und wir können einigermaßen aufrecht bis tief in die Höhle hineingehen. Die Birresborner Eishöhlen – insgesamt sind es fünf, die teilweise miteinander verbunden sind – wurden von Menschenhand geschaffen. Hier und da liegen noch halb fertige Mühlsteine herum. Sie wurden in überaus mühsamer Arbeit bis ins 19. Jahrhundert gewonnen. Die Höhle wurde außerdem als Eiskeller genutzt. Selbst im Sommer wird es hier nie wärmer als sieben Grad Celsius!

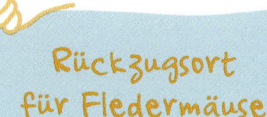

Rückzugsort für Fledermäuse

Die Birresborner Eishöhlen dienen vielen Fledermäusen als Rückzugsort. Sie sind daher nur von Mitte April bis Mitte Oktober zugänglich und bis auf eine im Winter gesperrt. Besonders vorsichtige Eltern packen noch einen Fahrradhelm, pardon, Grubenhelm, ein.

Wir klettern nun auch in die anderen Höhlen und erforschen anschließend die Gegend um die Höhlen, die an einen verwunschenen Märchenwald erinnert. Schwer trennen wir uns von diesem schönen Ort und gehen auf gleichem Weg zurück. Das ist auch gut, denn so können wir die restlichen Stationen noch erforschen.

Immer wieder interessant: ein Waldxylofon

33 Wie im Märchen

TRAUMPFAD ZUR BURG ELTZ

Wer mit Kindern in der Eifel Urlaub macht und nur Zeit für eine Burg hat, kommt an der Burg Eltz nicht vorbei. Ungeachtet der vielen Touristen dort zählt sie sicher zu den schönsten im ganzen Land und ist auch ohne Besichtigung ein lohnendes Wanderziel.

Wir folgen der Straße »In den Wiesen« gemäß der Beschilderung »Traumpfad« und können nach wenigen Minuten eine längere Autoanfahrt mit einer Pause auf dem rechts gelegenen Spielplatz kompensieren. Angesichts der Tourenlänge zieht es uns aber weiter nach rechts in die Burg-Eltz-Straße. Gleich darauf halten wir uns links, am Hotel Neuhof vorbei. Zunächst über eine Forststraße, dann am Waldrand entlang schlängelt sich der Weg leicht bergan. Das Traumpfadlogo ist unverkennbar und begleitet uns heute sehr

| mittel | 12,6 km | 4.30 Std. | 328 m |

Tourencharakter Unkomplizierte, aber aufgrund der Länge und der An- und Abstiege doch mittelschwere Wanderung. Besonders am Wochenende sehr voll, dann besser morgens zeitig oder erst nachmittags starten. **Altersempfehlung** Ab 7 Jahren **Ausgangs-/Endpunkt** Dorfgemeinschaftshaus Wierschem, Burstraße **GPS-Daten** 50.226000, 7.346917 **Anfahrt** A 48 Abfahrt Polch, weiter L 113 Richtung Münstermaifeld und nach K 37 nach Wierschem, kostenpflichtiger Parkplatz (2 €) am Dorfgemeinschaftshaus. Mit dem Bus (Zielhaltestelle Wierschem Brunnen): Mo. bis Fr. Nr. 337; Sa., So. und Feiertage von Mai bis Oktober »Burgenbus« Nr. 330. **Einkehr** In Wierschem, in der Ringelsteiner Mühle, auf Burg Eltz. Am Wochenende bei gutem Wetter sehr gut besucht! **Karte** Freizeitkarte Maifeld und Untermosel 1:25 000 **Burg Eltz** von April bis November tägl. geöffnet von 9.30 Uhr bis 17.30 Uhr. Familienkarte 30 EUR **Information** Touristik-Information Maifeld, Münsterplatz 6, 56294 Münstermaifeld, www.maifeldurlaub.de

Märchenhaft schön: die Burg Eltz

zuverlässig. Im Wechsel geht es nun über Felder und durch kleinere Waldstücke. Wir kommen an einer Grillhütte vorbei und gehen nun auf breitem Weg durch Wiesen leicht bergab. Schließlich erreichen wir eine schöne Holzliege und legen eine erste Pause ein. Nun geht es links auf einem breiten, geteerten Wirtschaftsweg weiter. Etliche Apfelbäume säumen hier den Weg, die im September voller Früchte hängen. Erneut folgt ein Stück Wald und wir erreichen bald die nächste »Sinnesliege«, wie die breiten Holzliegen allerorts genannt werden. Die Kinder interessiert heute mehr der kleine Abstecher zu einem schönen Aussichtspunkt, geht es doch ein paar Meter über schroffe Felsen. Unterhalb der Liege führt der Weg nun in Kehren und über einen recht schmalen Pfad mitunter ziemlich steil bergab. Der Weg wird zunehmend felsiger, das macht den Kindern natürlich Spaß. So rückt die bislang schon mehrmals gestellte Frage »Wo ist denn nun die Märchenburg?« für eine Weile in den Hintergrund.

Bald schon erreichen wir die Ringelsteiner Mühle, ein beliebtes Ausflugsziel mit Gastronomie nahe der Burg. Waren wir auch bislang eher nicht allein unterwegs, wird es nun richtig voll. Offenbar nutzen viele Ausflügler das etwa 2,5 Kilometer lange Stück zwischen der Mühle und der Burg für einen Spaziergang. Ein Stück geht es über Asphalt, dann biegen wir links in den Wald ein und wandern herrlich am Flussbett des Elzbachs entlang. Klar, dass nun erst mal eine Spielpause ansteht, zumal ein Aufstieg bevorsteht: Denn was zuvor bergab gewandert worden ist, muss nun wieder bergauf

Auf schmalen, felsigen Pfaden geht es abwärts – und später wieder hinauf.

Wie im Märchen

geklettert werden. Aber keine Angst, zunächst helfen einige Treppenstufen (neben der Bank). Dann taucht ganz unvermittelt die Burg Eltz auf und entlockt auch Kindern, die schon »1000-mal eine Burg gesehen haben«, Begeisterungsrufe. Nun ziehen die Kinder das Tempo ordentlich an, jeder will als Erster an der Burg sein. Oben angekommen ist es richtig voll. Die Besucher werden gruppenweise durch die Burg geschleust, Müßiggang ist hier nicht gefragt. Sehenswert sind aber auch schon der Innenhof und die Außenansicht. Denn mit den vielen Türmen sieht die Burg Eltz wirklich wie ein Märchenschloss aus.

Nun geht es zurück. Wir biegen, von der Burg kommend, links in den Weg ein, genießen von der gerade frei gewordenen Bank noch einen letzten Blick auf die Burg und wandern dann in Kehren durch den Wald abwärts. Wie durch ein Wunder sind wir nun praktisch allein unterwegs. An einem Brückchen mit nettem Rastplatz halten wir uns rechts und erreichen schließlich den Abzweig Richtung Wierschem. Es geht erneut in Schleifen bergauf, aber das ist dank des schönen Weges gut zu schaffen. Durch weites, offenes Feld erreichen wir dann stetig leicht bergab Wierschem wieder.

34 Achtsam unterwegs

ENTLANG DER KLEINEN KYLL IN MANDERSCHEID

Der Achtsamkeitspfad in Manderscheid möchte zum Innehalten einladen. Bei dieser Tour suchen wir uns den für Kinder schönsten Teil des Weges aus und verbringen viel Zeit am Wasser. Unser Wohlbefinden wird dabei auf jeden Fall gefördert, denn der teils felsige Pfad bietet jede Menge Genussmomente.

Wir starten an der Heidsmühle auf dem Weg zu Punkt 3 des Pfades. So sparen wir uns einen Teil entlang der Straße (Punkt 1 ist eine Tafel oben an der Klinik), können aber zum Schluss die anderen Punkte noch nachholen. Los geht es aufwärts Richtung Straße. Hier biegt nach rechts unser Weg ab. Wir folgen der Beschilderung des Achtsamkeitspfades (weiße 8 auf grünem Hintergrund) und sind auf der Höhe der Marienhütte bald an Punkt 3. Hier sind

leicht   4 km   1.45 Std.   ↑ 91 m ↓ 77 m

Tourencharakter Einfache Wanderung, Trittsicherheit erforderlich. Da viel Wasser im Spiel ist, empfiehlt sich Wechselkleidung. **Altersempfehlung** Ab 5 Jahren **Ausgangs-/Endpunkt** Hotel-Café-Restaurant Heidsmühle, Mosenbergstraße 22, 54531 Manderscheid **Anfahrt** Von Manderscheid die L 16 Richtung Bettenfeld. In der Ortsmitte am Kreisverkehr der Beschilderung in Richtung Heidsmühle folgen. Etwa 400 Meter nach dem Kreisel steht auch der Wanderparkplatz Mosenbergblick kostenfrei zur Verfügung. Von dort ist der Weg zum Achtsamkeitspfad ausgeschildert. Bus: Regio Linie 300 (Ausstieg in Manderscheid, Dauner Straße oder Abzweig »Im Bungert«). **GPS-Daten** 50.085417, 6.799028 **Einkehr** In der Heidsmühle oder in der Stadtmitte in Manderscheid **Karte** Wanderkarte Nr. 3 des Eifelvereins **Information** Touristinformation Manderscheid, Grafenstraße 21, 54531 Manderscheid, Tel. 06572/93 26 65, www.gesundlandvulkaneifel.de

Achtsam unterwegs

Das Rauschen des Flusses ist gut zu hören.

wir an einem schönen Rastplatz aufgerufen, Ruhe und Phasen der Erholung als Quelle der Kraft zu verstehen. »Stärker sein durch Nichtstun« heißt die Überschrift der Infotafel. Ob die Ideengeber des Wanderweges da wirklich in erster Linie an das (Nicht-)Erledigen von Hausaufgaben gedacht haben, wie unsere Schulkinder sogleich vermuten?

Unser Weg führt geradeaus weiter, wir hören das Wasser rauschen und können bald einen Abstecher nach rechts direkt ans Wasser machen und unsere Füße an einem Barfußbadeplatz mit besonders flachen Steinen kühlen. Die Kinder waten sogar einige Schritte durchs kalte Wasser. Das Flüsschen Kleine Kyll ist nie begradigt oder in ein Flussbett gezwängt worden. Sein natürlicher Verlauf mit vielen Windungen und Einschnitten macht den Reiz dieser Wanderung aus. Auf dem Hauptweg geht es dann weiter durch angenehm schattigen Wald und seicht bergan, dann auf einem Pfad leicht rechts ab entsprechend der Beschilderung. Noch wenige Meter, dann erreichen wir den Wasserfall und die Stromschnellen an der Germanenbrücke, die wir queren. Hier tost und braust das Wasser ganz schön. So passieren wir den Achtsamkeitspunkt 4: Inspiration. Nach der Brücke geht es rechts und kurz darauf links Richtung Wolfsschlucht.

Urpferd und Burgenstieg

Manderscheid ist ein guter Ausgangspunkt für viele interessante Wanderungen mit Kindern. Sehr empfehlenswert ist auch der etwa sechs Kilometer lange Burgenstieg. Das Maarmuseum mit einem 45 Millionen Jahre alten Urpferd und ein Freibad bieten ebenfalls reichlich Freizeitprogramm.

Nun ist der Weg wie ausgewechselt: Moosbewachsene riesige Felsen türmen sich auf, die Schlucht macht ihrem Namen alle Ehre. Über eine Brücke kommen wir auf die andere Seite, müssen kurz den richtigen Weg zwischen all den Steinen suchen. Ein Blick nach oben hilft, die richtige Richtung zu finden und wir machen uns auf den Weg nach oben.

Zugegeben: Zum Entschleunigen sind wir an diesem Wegstück mit der falschen Gruppe unterwegs, die Kinder rennen fast. Übrigens eine Erfahrung, die wir immer wieder machen: Schmale, felsige und unebene Pfade spornen die Kinder meist an und selbst beachtliche Höhenmeter können sie dann kaum noch bremsen. Wege über breite Forststraßen hingegen sind fast immer ein Garant für »Ich-kann-nicht-mehr-Attacken«. Schließlich gelangen wir zu einem Rastplatz und dann zum Achtsamkeitspunkt 5: Ort

Achtsam unterwegs

In der Wolfsschlucht wird es wild und abenteuerlich.

des Hörens. Obwohl wir schon einige Summsteine auf anderen Wanderungen probiert haben, ist es immer wieder faszinierend, den Kopf in die Öffnung zu stecken und der Resonanz des eigenen Summens zu lauschen. Auch ein Hörrohr fasziniert immer wieder – sogar das Rauschen des Flusses ist vernehmbar.

Der Weg führt nun ohne Probleme zu Punkt 6, passiert dabei eine Holzliege. »Zurück zum Ursprung« heißt er. An der kleinen Quelle, die laut Infotafel einst ganz Manderscheid mit Trinkwasser versorgt hat, könnten wir unsere Wasservorräte auffüllen. Weil recht wenig Wasser fließt, nehmen wir davon aber Abstand und gehen lieber weiter. In Kehren geht es nun bis zur Heidsmühle. Wir können unsere Wanderung nun beenden oder der Vollständigkeit halber Punkt 7, 1 und 2 nachholen. Dafür geht es vor der Heidsmühle links ab und in einem Bogen (zuletzt über Asphalt) zur Eifelklinik und dann entlang der Straße zum Parkplatz zurück. Besonders bei heißem Wetter lohnt zumindest der Abstecher nach der Heidsmühle ein Stück die Straße links hinauf zur Eifelklinik zu Punkt 2: Dort erfrischt ein Wassertret- und Armbecken müde Wanderer.

35 Mit der Hetschenkönigin auf Tour

DER MÄÄRCHEN-NATURWALDPFAD AM HOLZMAAR

Nein, kein Rechtschreibfehler: Der Määrchen-Naturwaldpfad am Holzmaar heißt tatsächlich so, führt er doch am kleinsten Eifelmaar vorbei und entführt ins Reich der Märchen. Unterwegs erzählt die »Hetschenkönigin« Wissenswertes über diesen Teil der Vulkaneifel. Besonders für jüngere Kinder ist das eine erlebnisreiche Wanderung.

leicht   4 km   2 Std.   45 m

Tourencharakter Einfache Wanderung besonders mit jüngeren Kindern, etwas Trittsicherheit erforderlich. Als kleiner Ausflug auch für ältere Kinder schön, da der Weg sehr abwechslungsreich ist. **Altersempfehlung** Ab 3 Jahren **Ausgangs-/Endpunkt** Wanderparkplatz am Holzmaar zwischen Gillenfeld und Eckfeld **GPS-Daten** 50.119139, 6.875583 **Anfahrt** Von Gillenfeld kommend zweigt die L 16 direkt hinter dem Holzmaar ab. **Einkehr** Nur Rucksackverpflegung **Karte** Wanderkarte Nr. 20 des Eifelvereins **Information** Touristinformation Daun, Leopoldstraße 5, 54550 Daun, Tel. 06592/951 30, www.gesundland-vulkaneifel.de

Direkt am Parkplatz begrüßt uns ein Frosch aus Holz – keine Frage, wir sind richtig, zumindest was den Teil mit dem Märchen betrifft. Und wirklich geht es auf märchenhaftem Weg durch den Uferwald des Sammetbachs. Dabei folgen wir dem Markierungszeichen mit dem Frosch. Begleitet werden wir von der »Hetschenkönigin«. Das Wort »Hetsch« bedeutet im örtlichen Dialekt »Kröte«. Der Pfad ist schmal, immer wieder begeistern kleine Holzbrücken. Bald links, bald rechts können wir im Wald kleine Schlenker machen, die uns aber immer auf den Hauptweg zurückführen. Schließlich gelangen wir über einen unbefestigten Weg zum Hetsche Maar. Es ist vor 40 000 bis

Vorlesestunde im Wald

Ob hier auch die Hetschenkönigin vorbeikommt?

70 000 Jahren entstanden und mit seinen 60 Meter Durchmesser das kleinste Eifelmaar. Gut sichtbar ist es von der Kreisstraße 18 aus. Hier nisten viele Vogelarten, insbesondere fühlen sich aber Kröten und Frösche wohl. Das Trockenmaar ist nach diesen Bewohnern, den »Hetschen«, benannt.

Nun geht es rechts ab über einen breiten Weg zum Dürren Maar, das im Gegensatz zum Hetsche Maar gut zu erkennen ist. Hier hat sich eine in Europa einzigartige Moorlandschaft entwickelt. Das Trockenmaar steht unter Naturschutz. Der Weg zweigt nun erneut nach rechts ab und wir spazieren am Waldrand entlang und später durch lichten Wald auf einem Teilstück des Maare-Pfades zu einer Schutzhütte. Auf dem Weg begegnen uns knorrige, skurrile Bäume, manche sind von geübten Holzschnitzern zu gruseligen Fratzen verarbeitet worden, sodass manch forscher kleiner Wanderer sich doch lieber in die Nähe eines Erwachsenen begibt.

Märchenstunde

Wer die kurzen Märchen am Wegesrand nochmals nachlesen will, findet sie auch unter www.määrchen-naturwaldpfad.de.

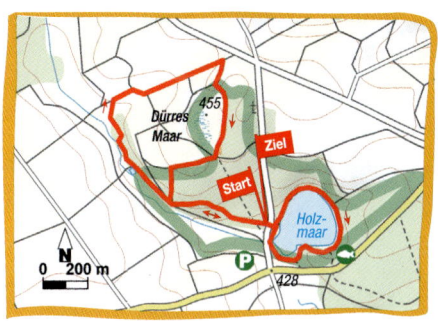

Nach der Hütte geht es rechts ab, wir folgen unserem Wegzeichen weiter und treffen bald auf den Weg, den wir schon vom Hinweg kennen.

Am Parkplatz überqueren wir die Straße und biegen rechts in einen schmalen Pfad ein, der uns um das Holzmaar führt. Dieser Teil des Weges ist etwas bequemer zu gehen und auf jeden Fall auch mit dem Kinderwagen zu meistern. Über die Straße geht es wieder zurück zum Parkplatz. Märchen hin oder her: Obwohl die Kinder dem Holzfrosch noch ein Küsschen geben, will sich kein Prinz finden, der mit uns nach Hause fährt.

36 Ins Herz der Strohner Schweiz

ZUR LAVABOMBE NACH STROHN

Vor 12 000 Jahren ging es rund um Strohn heiß her. Denn das Gebiet lag im Zentrum aktiver Vulkantätigkeiten. Die Spuren der Eruptionen können wir heute noch sehen.

Mehr wandern

Rund um Strohn sind mehrere Panoramawege mit maximal acht Kilometer Länge sehr gut ausgeschildert, die sich mit den vulkanischen Aktivitäten der Gegend befassen.

Vom Vulkanhaus wandern wir zunächst durch den Ort zur fast 120 Tonnen schweren Strohner »Lavabombe«. Sie hat einen Durchmesser von fast fünf Metern – ein eindrucksvolles und heute völlig ungefährliches Zeugnis früherer vulkanischer

| leicht | 3,5 km | 1 Std. | ↑ 66 m ↓ 70 m |

Tourencharakter Einfache Wanderung ohne besondere Anstrengungen. **Altersempfehlung** Ab 4 Jahren **Ausgangs-/Endpunkt** Vulkanhaus Strohn, Hauptstraße 38, 54558 Strohn **GPS-Daten** 50.110009, 6.921350 **Anfahrt** A 48 und B 421 bis K 14 nehmen, dann Pulvermaarstraße und K 25 bis Hauptstraße in Strohn. **Einkehr** Vulkanhaus Strohn **Kosten** Vulkanhaus Strohn: Erw. 3 €, Kinder 2 €, dienstags bis sonntags sowie an Feiertagen 10 bis 17 Uhr geöffnet. Im Winter kürzere Öffnungszeiten. Infos unter www.vulkanhaus-strohn.de. **Karte** Wanderkarte Nr. 20 des Eifelvereins **Information** Gesund-Land Vulkaneifel GmbH, Leopoldstraße 9a, 54550 Daun/Vulkaneifel, Tel. 06592/95 13 70, www.gesundland-vulkaneifel.de

Eine stabile Holzbrücke führt uns über das Flusstal der Alf.

Tätigkeit in der Eifel. Es stehen auch Parkplätze zur Verfügung, sodass man die Tour auch hier beginnen kann. Direkt am Parkplatz führt ein Pfad über eine Holzbrücke bergan. Oben angekommen gehen wir an der Bank vorbei, dann über die Wiese links Richtung Sprink-Alfbach (Holzschild). Nun geht es gemächlich über Wiesen und Felder, vorbei an Apfelbäumen. Schließlich biegen wir scharf links auf einen Feldweg ein, kommen erneut an einer Bank vorbei und halten uns wieder links auf einen Pfad. Nach einer weiteren Bank gehen wir an einem Pfahl mit Hinweisschild links ab und kommen nun ins Herz der Strohner Schweiz. Zunächst über eine wunderschöne Allee geht es auf einem schmalen Pfad am Flussbett der Alf entlang. Der Fluss rauscht, die Kinder spurten den Weg entlang auf die Brücke zu, die wir dann überqueren. Nach der Brücke heißt es aufpassen: Wir ignorieren den mit einem Geländer ausgebauten Pfad bergauf und bleiben stattdessen auf dem Weg links, der weiter entlang des Flusses führt. Insbesondere an warmen Tagen bieten sich nun viele herrliche Spielgelegenheiten am Wasser. Aber auch eine Herbstwanderung kann lange (sehr lange) unterbrochen werden mit Steinchen-ins-Wasser-Werfen. Schließlich trennen wir uns doch noch vom Wasser und gehen bergauf, bis wir oben an der Leitplanke ankommen. Nun geht es auf asphaltiertem Fahrweg zurück zum Parkplatz. Zum Glück sind hier nur einige Fahrräder unterwegs und kaum Autos. Dabei kommen wir noch an einem sehr schön angelegten Picknickplatz mit Infos zum Wartgesberg vorbei.

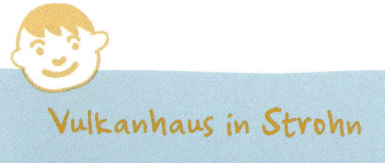

Vulkanhaus in Strohn

Wenn Ihr noch mehr über Vulkane wissen wollt, empfehle ich Euch das Vulkanhaus in Strohn am Ausgangspunkt der Wanderung.

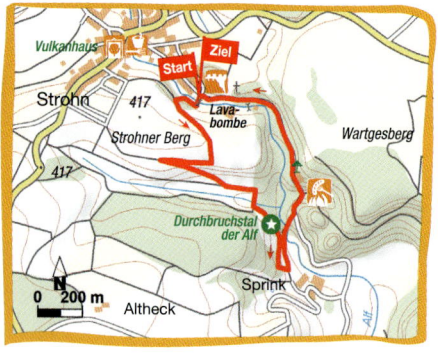

Schautafeln verraten interessante Details zur feurigen Vergangenheit.

37 Mitten durch die Lavaströme

DIE ELFENGROTTE IN BAD BERTRICH

Es waren gewaltige Lavaströme, die für eine besondere geologische Attraktion am Ortseingang von Bad Bertrich gesorgt und das wilde Üßbachtal geprägt haben. Eine schöne Tour im Sommer – nicht allzu anstrengend, schattig und mit vielen Gelegenheiten, die Füße schnell mal ins Wasser zu halten.

Auf der gegenüberliegenden Seite der L 103 beginnt unser Pfad. Ein Hinweisschild führt uns geradewegs zur Elfengrotte, unserem ersten Etappenziel. Nur knapp 500 Meter sind es, dann stehen wir vor der geologischen Besonderheit. Wir wissen nun sofort, warum der Felsdurchgang auch »Käse-

| leicht | 5 km | 2 Std. | 60 m |

Tourencharakter Mäßig schwere Wanderung, teils schmale Pfade mit Felsen. Gut zu bewältigen für trittsichere Kinder. **Altersempfehlung** Ab 6 Jahren **Ausgangs-/Endpunkt** GesundLand Touristinformation Bad Bertrich, Kurfürstenstraße 32 **GPS-Daten** 50.071389, 7.026556 **Anfahrt** A 1 bis Hasborn, weiter Richtung Bad Bertrich, L 52 folgen, B 421 und L 104 bis Kurfürstenstraße in Bad Bertrich nehmen. Neben Haus Diana, Kurfürstenstraße 5, kostenpflichtiger öffentlicher Parkplatz. Alternativ stehen auch Parkmöglichkeiten gegenüber der Touristinfo und östlich der Stadtmitte zur Verfügung. Kurz vor der Elfengrotte gibt es an der Elfenmühle einen weiteren kleinen und zudem kostenfreien Wanderparkplatz, der aber nur 2 Stunden belegt werden darf. Wer die Tour zügig geht, kann auch hier starten. **Einkehr** Viele Möglichkeiten in Bad Bertrich **Karte** Wanderkarte Nr. 21 des Eifelvereins **Information** GesundLand Touristinformation Bad Bertrich, Kurfürstenstraße 32, 56864 Bad Bertrich, Tel. 02674/93 22 22, www.gesundland-vulkaneifel.de

Die schmale Treppe ist nur etwas für Schwindelfreie.

Die Elfengrotte heißt im Volksmund auch »Käsegrotte«.

Mitten durch die Lavaströme

grotte« genannt wird: Die Steine sehen aus wie übereinandergeschichtete Käselaibe. Mutig beschreiten wir den Felsdurchgang und gehen dann auf einem Pfad über eine mit Natursteinen angelegte Treppe bergauf, vorbei am kleinen Elbesbach-Wasserfall, der in den Üßbach mündet. Ein schmales Brückchen hilft, trockenen Fußes die Seiten zu wechseln.
Unser Wegweiser ist die stilisierte Entersburg mit Fluss. Entlang der Markierung geht es zunächst ein kleines Stück entlang der L 103 und L 104, durch die Leitplanke ausreichend gesichert. Dann biegt der Weg ab in den Wald, zunächst breit, bevor es abenteuerlicher und der Weg schmaler wird. Eine kleine Schutzhütte erinnert an ein Hexenhäuschen und überhaupt wirkt alles ein wenig magisch in diesem Wald.
Bald zweigt ein schmaler Pfad nach links ab und nun geht es ganz nah ans Wasser, direkt an den Üßbach, der wirklich wild und kräftig daherkommt. Dennoch gibt es viele Stellen entlang des Wassers, an denen man gut spielen und sogar die Füße ins Wasser halten kann. Ein kleiner beschilderter Abzweig führt uns zur Antoniusruh. In der kleinen Grotte direkt am Wasser brennen stets Kerzen. Nun geht es immer am Wasser entlang, mal fast drin, mal einige Meter oberhalb. Der Weg macht schließlich eine deutliche Kehre und wird dann etwas breiter. Wir folgen unserem Logo, ignorieren alle Abzweige und nehmen Kurs auf die Entersburg, die allerdings keine »Burg« mehr, sondern nur noch ein Aussichtsturm ist. Sie zu bezwingen

heißt in unserem Fall, kurz vom Weg abzugehen und bergauf über schroffe Felsen zu schnaufen. Schwindelfreie erklimmen noch die steile Leiter, die anderen bleiben lieber unten. Wieder hinunter geklettert gehen wir das Stück bis zum Abzweig zurück und dann auf weitestgehend bequemem Weg zurück nach Bad Bertrich. Zum Schluss kommen wir wieder an der Elfengrotte heraus und von dort auf bekanntem Weg zum Ausgangspunkt.

38 Nichts für schwache Nerven

DER CALMONTER KLETTERSTEIG

Der Calmonter Klettersteig schlängelt sich durch den steilsten Weinberg Europas. Es geht über Leitern und seilversicherte Pfade. Nichts für schwache Nerven. Für trittsichere und schwindelfreie Kinder aber ein absolutes Muss!

Selten liegen bei einem Wanderweg sportliche Herausforderung und Genuss so nah beisammen. Der Calmonter Klettersteig ist besonders an warmen Sonnentagen eine schweißtreibende Angelegenheit. Calidus Mons heißt im Lateinischen »heißer Berg« und der Name ist Programm. Denn das Schiefergestein speichert die Wärme besonders gut. Mit ausreichender Kondition und Trittsicherheit ist die Strecke aber auch für Kinder gut zu

schwer   7 km   3.30 Std.   46 m

Tourencharakter Anspruchsvolle Wanderung nur für trittsichere und schwindelfreie Kinder. An heißen Tagen und bei Nässe nicht zu empfehlen. **Altersempfehlung** Ab 8 Jahren **Ausgangs-/Endpunkt** Bremm, Parkplatz an der Kirche **GPS-Daten** 50.101972, 7.116139 **Ausrüstung** Feste Wanderschuhe, Sonnenschutz, Hut. Klettersteigausrüstung ist nicht erforderlich. Unbedingt genügend Getränke einpacken! **Anfahrt** A 48 bis Ulmen, dann B 259 nach Cochem und B 49 nach Bremm. Mit der Bahn bis Ediger-Eller und ab hier die Tour über den Einstieg zur Galgenlay gehen. **Einkehr** In Eller und Bremm sowie in der Saison am Wochenende und feiertags auf dem Gipfel in der Straußwirtschaft der Winzerfamilie Franzen (www.michael-franzen.de) **Karte** Wanderkarte Nr. 23 des Eifelvereins **Information** Touristinformation Ferienland Cochem, Endertplatz 1, 56812 Cochem, Tel. 02671/600 40, www.calmont-mosel.de

Nichts für schwache Nerven

Die Geländer sind nicht nur zum Festhalten gut.

bewältigen und am Wochenende das Ziel vieler Wanderer. Wir starten in Bremm oberhalb der Kirche und gehen über eine Treppe in den Weinberg. Ein zunächst recht breiter, dann immer wieder auch ganz schmaler Pfad führt durch den Berg. Entlang der Markierung 8 geht es erst abwärts, später auf und ab, vorbei an Weinreben und vielen Weinbergpfirsichbäumen. Begeistert entdecken die Kinder sogar Eidechsen, die sich auf dem warmen Schiefer sonnen, aber leider nicht streicheln lassen wollen.
Zwischendurch schlängelt sich eine Monorackbahn, mit der die Trauben ins Tal befördert werden, den steilen Berg hinauf. An einer kleinen Gabelung geht es rechts und nun können wir unten gut die Ruine des Klosters Stuben sehen. Dann wird es richtig abenteuerlich, denn nun beginnt der eigentliche Klettersteig. Wir halten uns gut an den Seilen fest, denn der Weg ist so schmal, dass wir manchmal nur einen Fuß aufsetzen können. Über Trittbügel geht es weiter. Mehrmals müssen wir fast senkrecht an Leitern auf- und wieder hinabsteigen. Hier sollten auf jeden Fall Erwachsene bereitstehen, um eventuell Hilfestellung geben zu können. Wir kommen am Rastplatz

Bequeme Wege und anspruchsvollere Passagen wechseln sich ab.

Nichts für schwache Nerven

Amphitrion vorbei, steigen nochmals eine Leiter hinab und kommen dann zur Galgenlay. Hier angekommen brauchen wir erst mal eine Pause in der schattigen Schutzhütte.

Nun verlassen wir den Klettersteig und begeben uns auf den Calmont-Höhenweg. Hinter der Schutzhütte geht es nun erst sehr steil, später sachte bergan durch den Wald. Die nächsten beiden Gabelungen gehen wir links, dann erreichen wir den Vier-Seen-Aussichtspunkt und endlich das Gipfelkreuz. Hier nehmen wir Kurs auf die am Wochenende geöffnete Weinschenke. Die Kinder genießen den leckeren Traubensaft und fiebern mit den vielen Gleitschirmfliegern mit, die hier starten.

Die Mosel

Die Mosel ist 544 Kilometer lang und damit der längste deutsche Nebenfluss des Rheins. Sie entspringt in den Vogesen und mündet in der Nähe von Koblenz in den Rhein. Hier leben viele Menschen vom Weinanbau.

Hinter der Straußwirtschaft geht es scharf links abwärts in etwas mehr als einer Stunde nach Bremm zurück. Dabei passieren wir nach einer Gabelung ein fast alpines, sehr steiles und etwas rutschiges Stück und kommen dann wieder in den Weinbergen heraus. Von dort zweigt links ein kleiner Weg nach Bremm ab.

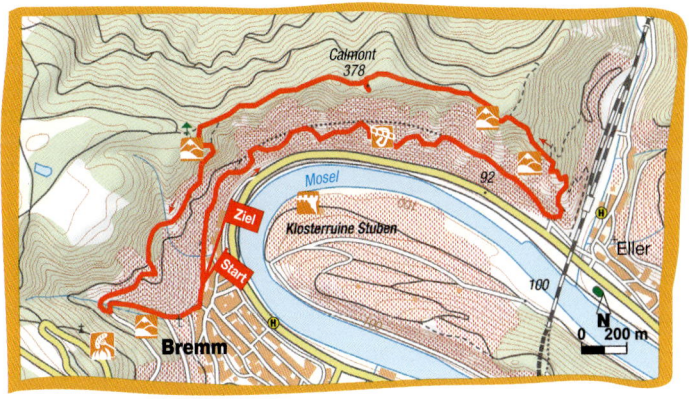

39 Die teuflische Acht

TEUFELSSCHLUCHT UND IRRELER WASSERFÄLLE

»Wohnt hier vielleicht der Räuber Hotzenplotz?«, fragte unser Jüngster vor einigen Jahren, als wir zum ersten Mal durch die Teufelsschlucht gegangen sind. Darüber schmunzeln wir heute, aber die Tour bleibt auch für ältere Kinder ein echtes Abenteuer durch die bizarre Felsenkulisse.

Wir folgen vom Parkplatz dem Waldlehrpfad zum Naturparkzentrum Teufelsschlucht. Hier starten drei unterschiedlich lange Teufelspfade, die alle gut ausgeschildert sind. Wir wählen heute mit Pfad 8 die mit sechs Kilometern längste Tour. Während wir uns die erste Hälfte des Weges mit vielen Wanderern teilen, sind wir auf der zweiten Hälfte fast allein unterwegs. Zunächst geht es kurz auf ausgebautem Forstweg durch den Wald. Dann

schwer | 6 km | 4 Std. | 230 m

Tourencharakter Anspruchsvolle Wanderung, die gute Kondition und Trittsicherheit erfordert, im zweiten Teil sportlicher wegen der Höhenmeter. Die Kletter- und Kraxelmöglichkeiten begeistern auch ältere Kinder. Ideal im Sommer, da schattig und durch die Felsen recht kühl. Konditionsschwächere wählen die anderen beiden Teufelspfade. Nicht für Kinderwagen geeignet. **Altersempfehlung** Ab 7 Jahren **Ausgangs-/Endpunkt** Wanderparkplatz Felsenweiher, Ernzen **GPS-Daten** 49.856188, 6.430509 **Anfahrt** B 275 bis Ernzen. Hier der Beschilderung »Naturparkzentrum« folgen. **Einkehr** Bistro »Teufels Küche« im Besucherzentrum Teufelsschlucht und »Waldschänke« in der Nähe der Wasserfälle **Infos** Dinopark, www.dinopark-teufelsschlucht.de **Karte** Wanderkarte Naturpark Südeifel und Kleine Luxemburger Schweiz, Blatt 3 **Information** Ferienland Südeifel Tourismus, Neuerburgerstraße 6, 54669 Bollendorf, Tel. 06525/93 39 30, www.teufelsschlucht.de, www.felsenland-suedeifel.de

Keine Angst, das ist ein Pflanzenfresser!

zweigt links ein Weg zur Teufelsschlucht ab. Vom Plateau können wir das Herzstück der Wanderung schon sehen. Dann wird es eng und dunkel in der 28 Meter tiefen Teufelsschlucht. Über Steinstufen steigen wir hinab, tief und tiefer in den Felsspalt, zwängen uns schließlich durch das Nadelöhr, das kaum mehr als schulterbreit ist und ziehen vorsorglich den Kopf ein. Den Räuber Hotzenplotz können wir auch heute nirgends entdecken. Wie damals legen die Kinder ein ordentliches Tempo vor. Über viele Stufen, Felsen und schmale Pfade sprinten sie nun voraus – wandern am Rand des Ferschweiler Plateaus macht einfach Spaß!

Gut 2,5 Kilometer führt uns ein Pfad bergab durch den Wald, durch einige Schluchten hindurch. Da der Streckenverlauf einer Acht ähnelt, können wir etwa auf halber Strecke zu den

Urzeiterlebnis

Nur 300 Meter vom Naturparkzentrum liegt der »Dinosaurierpark Teufelsschlucht«. Neben rekonstruierten Dinos gibt es viele Infos zur Erdgeschichte.

Gewaltige Sandsteinfelsen schaffen eine imposante Naturkulisse.

Die teuflische Acht

Wasserfällen auch eine Abkürzung wählen, die uns auf gut ausgebautem Weg zurückführt. Von Abkürzung will heute aber niemand etwas wissen. An Felsen mit auffälliger Wabenstruktur geht es weiter, bis wir über eine längere Steintreppe eine Forststraße erreichen. Diese überqueren wir und nun sind es nur noch wenige Meter bis zu den Wasserfällen. Über eine Brücke gelangen wir auf die andere Seite. Wasserfälle ist eigentlich der falsche Ausdruck, denn genau genommen sind es Stromschnellen der Prüm, die hier rauschen. Beeindruckend ist das Naturschauspiel allemal. Auf einem großen Stein lassen wir uns nieder und rasten ausgiebig.

Über die Brücke geht es zurück auf den Forstweg. Hier halten wir uns rechts und kommen an Hopfenfeldern vorbei. Dann geht es links über einen Pfad wieder bergan. Nun müssen wir den Hälbach mal links, mal rechts umgehen, immer bergauf. Schließlich kommen wir an einem breiten Weg heraus, halten uns rechts und überqueren eine kleine Furt. Dann kraxeln wir in Kehren weiter stets bergauf, vorbei an historischen Mühlsteinbrüchen. Gebückt quetschen wir uns durch einen weiteren »Engpass« und erreichen schließlich einen breiteren Forstweg, dem wir bis zum Naturparkzentrum folgen. Fast fünf Stunden sind wir unterwegs gewesen. Das ist wirklich eine teuflisch schöne Tour!

Handys an!

Mit der kostenlosen Lauschtour-App könnt Ihr Euch einige Highlights rund um die Teufelsschlucht erklären lassen. Es gibt auch Audioguides zum Ausleihen im Naturparkzentrum.

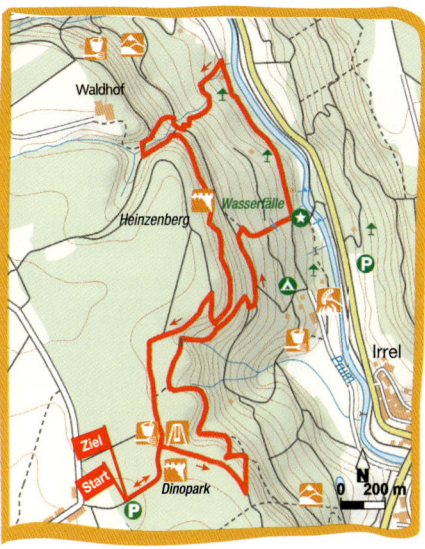

40 Höhlen, Pützlöcher und Hängebrücken

ABENTEUER IM BUTZERBACHTAL

Diese Tour geizt nicht mit Höhepunkten: Erst geht es durch das abenteuerliche und wilde Butzerbachtal mit seiner spektakulären Hängebrücke. Dann entdecken wir ein Bergwerk der Römer, erkunden zwei Höhlen und erklimmen zum Schluss noch eine Burgruine.

Wir folgen zunächst den Wegweisern zu den Wasserfällen im Butzerbachtal. Schon nach wenigen Minuten kommen wir rechts an dem Felsüberhang der Silvesterhöhle vorbei. Für eine Rast ist es zu früh. Also queren wir kurz darauf den Bach, folgen diesem nun entgegen der Fließrichtung mal links, mal rechts leicht ansteigend. Der Weg wird immer abenteuerlicher. Es geht an

schwer | 10 km | 4.15 Std. | 332 m

Tourencharakter Aufgrund der Länge mittelschwere Rundwanderung mit einigen Höhenmetern rund um die Höhlen; das Butzerbachtal setzt Trittsicherheit voraus. **Altersempfehlung** Ab 7 Jahren **Ausgangs-/Endpunkt** Parkplatz unterhalb der Burg Ramstein **GPS-Daten** 49.824583, 6.644806 **Ausrüstung** Feste Schuhe, Taschenlampe **Anfahrt** Über B 422 nach Kordel zum Bahnhof, über schmale Zufahrtsstraße ca. 3 Kilometer bis zum Parkplatz. Mit dem Zug bis Bahnhof Kordel, dann über dieselbe Straße zu Fuß bis zum Parkplatz. **Einkehr** Burg Ramstein mit Biergarten **Karte** Wanderkarte Nr. 29 des Eifelvereins **Information** Deutsch-luxemburgische Touristinformation, Moselstraße 1, 54308 Langsur, Tel. 06501/60 26 66, www.lux-trier.info. Über den Heimatverein kann ein Termin zur Besichtigung der Pützlöcher vereinbart werden. Infos unter www.heimatverein-butzweiler.de, Tel. 06505/87 55

Wird garantiert mehrmals begangen: die spektakuläre Hängebrücke

In das Innere der Pützlöcher kommt man nur gebückt.

einem Wasserfall vorbei und dann bergauf zum schönsten Stück des Weges entlang einiger gesicherter Passagen. Besonders spektakulär: eine 30 Meter lange Hängebrücke, die von den Kindern gleich ein paarmal begangen wird. Noch eine Brücke, dann führt an einem Picknickplatz vorbei der Weg nach oben. Dort halten wir uns auf breiter Forststraße links. Vorbei an zwei kleinen Häuschen geht es dann links auf einem Hohlweg hinunter zu den Pützlöchern. Die Hauptstollen des alten römischen Kupferbergwerkes können auf Anfrage besichtigt werden.

Von hier geht es weiter nach links über Stufen bergab auf einen breiten Forstweg. Hier kann die Tour in Richtung Burg Ramstein abgekürzt werden. Wir gehen aber weiter leicht

Die Genovevahöhle

Die Genovevahöhle ist mit etwa 30 Metern Höhe und 15 Meter Breite riesig. Einer Legende nach soll hier die Frau des Grafen Siegfried viele Jahre lang mit ihrem Sohn gelebt haben.

Höhlen, Pützlöcher und Hängebrücken

aufwärts, bis wir zu einer großen Weggabelung kommen. Ein 500 Meter entfernter Abstecher bringt uns zum Aussichtspunkt Geyersley. Zurück am Weg gehen wir dann an der Infotafel unterhalb der Schutzhütte vorbei zur nächsten Gabelung. Hier schlagen wir links in den breiten Weg ein, kommen an einer weiteren Schutzhütte vorbei und halten uns in Richtung Genovevahöhle. An einer Picknickbank biegen wir links ab und erreichen die sagenumwobene Genovevahöhle, die wir ausgiebig erkunden.

Auf schmalem Pfad geht es abwärts und schließlich in einem Bogen auf einen breiteren Weg. Wir folgen nun den Wegweisern aus Holz zur Burg Ramstein. Unterwegs sollten wir nun nochmals alle Kräfte zusammennehmen und den steilen Aufstieg (etwa 100 Meter) zur Klausenhöhle wagen. Wieder am Weg halten wir uns immer links, bis wir in der Kurve an der Zufahrtsstraße zur Burg herauskommen. Hier können wir nun einen Abstecher zur Burg Ramstein machen und von dort hinter der Burg zum Parkplatz laufen oder direkt die Straße abwärts zum Parkplatz gehen.

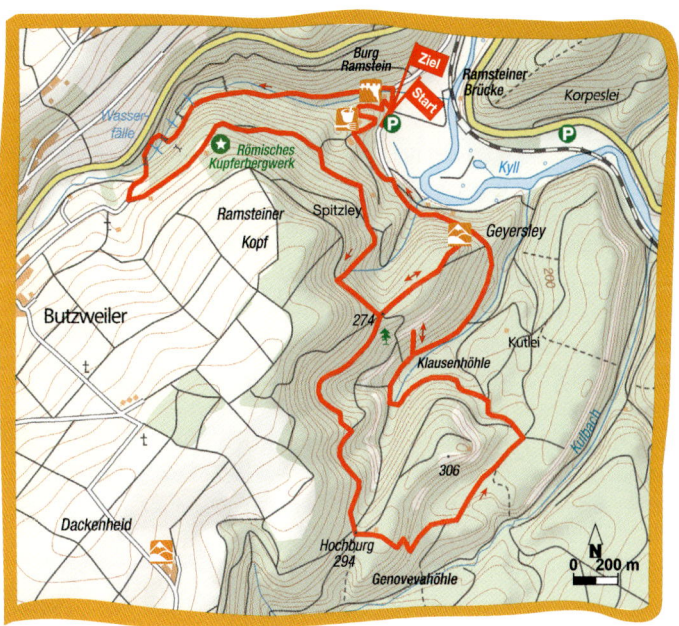

Die Vulkane der Eifel

Es gibt in Deutschland kaum eine bessere Gegend als die Eifel, um die vulkanischen Urgewalten hautnah zu erleben. Auf Schritt und Tritt stoßen wir auf Zeugnisse der heißen Vergangenheit, stapfen durch erkaltete Lavaströme und können an vielen Stellen gut sehen, wie etwa 350 Vulkane die Gegend geformt haben. Die Gasbläschen, die am Laacher See austreten, sind ebenso wie die Kaltwasser-Geysire in Andernach oder in Wallenborn Zeichen für eine aktive Vulkantätigkeit bis heute. Angst vor plötzlichen Ausbrüchen braucht indes vorläufig wohl niemand zu haben, denn die Vulkane in der Eifel gehören zu den am besten erforschten in der ganzen Welt!

Vor ungefähr 45 bis 35 Millionen Jahren waren die ersten Vulkane in der Eifel aktiv. Aus erdgeschichtlicher Sicht geradezu gestern, nämlich vor rund 11 000 Jahren, endete die aktive Phase mit dem jüngsten Ausbruch. Zumindest vorläufig, denn viele Forscher glauben, dass hier wieder Vulkane entstehen können. Viele der Erhebungen, die wir heute sehen, sind erloschene Vulkane. Auch der höchste Berg der Eifel, die Hohe Acht, ist vulkanischen Ursprungs.

Eine Besonderheit sind die Maare. So heißen die Krater ehemaliger Vulkane. Sie sind entstanden, als das aufsteigende heiße, geschmolzene Gestein (Experten nennen das Magma) kurz unter der Erdoberfläche auf Grundwasser getroffen ist. Durch die gewaltige Hitze ist das Wasser schlagartig verdampft und hat eine Wasserdampf-Explosion verursacht. Alles Gestein in der Umgebung flog umher, schoss mit der Lava (so heißt das flüssige Gestein, wenn es an die Erdoberfläche tritt) in die Höhe und lagerte sich dann um den Krater herum ab oder krachte wieder in den Krater hinein. Nach vielen Explosionen dieser Art sind die Krater immer tiefer geworden und es entstand eine trichterartige Hohlform, das Maar.

Einige haben sich im Laufe der Zeit mit Wasser gefüllt und sind heute herrliche Seen, haben aber keinen Zu- und Abfluss. In einigen könnt Ihr sogar schwimmen gehen! Weil sie kreisrund sind und sich mit ihrem tiefen Blau in der Landschaft wunderschön absetzen, werden sie auch die »Augen der Eifel« genannt. Andere Maare sind »verlandet«, führen also kein Wasser und beherbergen heute teils seltene Moore. Sie sind häufig nur als flache Mulde erkennbar. Beide Arten könnt Ihr auf unterschiedlichen Wanderungen in diesem Buch kennenlernen.

Stellt Euch vor, Ihr rollt einen Schneeball über Schnee. Er wird immer größer. Ähnliches passiert im Krater, wenn sich die Lavabrocken wieder verbinden. Was dabei zusammenkommt, könnt Ihr gut in Strohn sehen. Dort liegt mit einem Durchmesser von fünf Metern der größte vulkanische »Schneeball« der Eifel. Er stammt aus dem Wartgesberg-Vulkan bei Strohn und wiegt etwa 120 Tonnen – ungefähr so viel wie drei schwer beladene LKW.

Auf vielen Wanderungen und Geopfaden in der Eifel erläutern Infotafeln, wie es vor vielen tausend Jahren in der Eifel hergegangen ist. Außerdem erklären einige Museen in der Eifel sehr anschaulich die naturwissenschaftlichen Phänomene in der Region. Ganz besonders empfehlenswert sind der »Lava-Dome« mit Lava-Felsenkeller in Mendig, das »Vulkanhaus« in Strohn und das »Vulkanmuseum« in Daun mit jeweils unterschiedlichen Themenschwerpunkten.

Tourenüberblick

Tour			⏱	👣	⛰	🧒	🚲	👶
1	leicht	Rund um die Villeseen	02:30	8,3	40	5	●	●
2	mittel	Buntsandsteinfelsen Nideggen	02:00	5	↑115 ↓130	5		(●)
3	leicht	Von Einruhr nach Rurberg	02:00	6	34	4		
4	leicht	Wilder Kermeter	01:45	5	67	3	●	●
5	leicht	Wollseifen und Vogelsang	02:45	8,5	136	5		
6	leicht	Bruder-Klaus-Kapelle	01:45	6	125	5	●	●
7	leicht	Steinbachtalsperre	01:00	3	16	4	●	●
8	leicht	Rund um Bad Münstereifel	01:45	5	19	4	●	●
9	leicht	Kakushöhle	01:15	3	↑114 ↓123	4		
10	mittel	Pingenwanderweg	03:00	11	236	6		
11	leicht	Kaller Milchpfad	02:15	6,5	95	5	(●)	(●)
12	leicht	Grüner Pütz	03:00	7,7	↑100 ↓91	6		
13	leicht	Löwenzahn-Erlebnispfad	03:00	7	↑112 ↓114	4		
14	mittel	Radioteleskop in Effelsberg	03:30	9,5	275	6		
15	leicht	Saffenburg und Rech	02:45	7	165	6		
16	mittel	Teufelsloch und Langfigtal	02:30	5	240	6		
17	leicht	Ahrquelle in Blankenheim	01:45	4	111	5		
18	leicht	Lyrik am Düvelssteen	02:45	6,7	127	5		●
19	leicht	Moorpfad Dahlem	01:30	2	↑87 ↓95	3	●	●
20	leicht	Rund um den Laacher See	02:30	9	↑39 ↓30	5	(●)	●

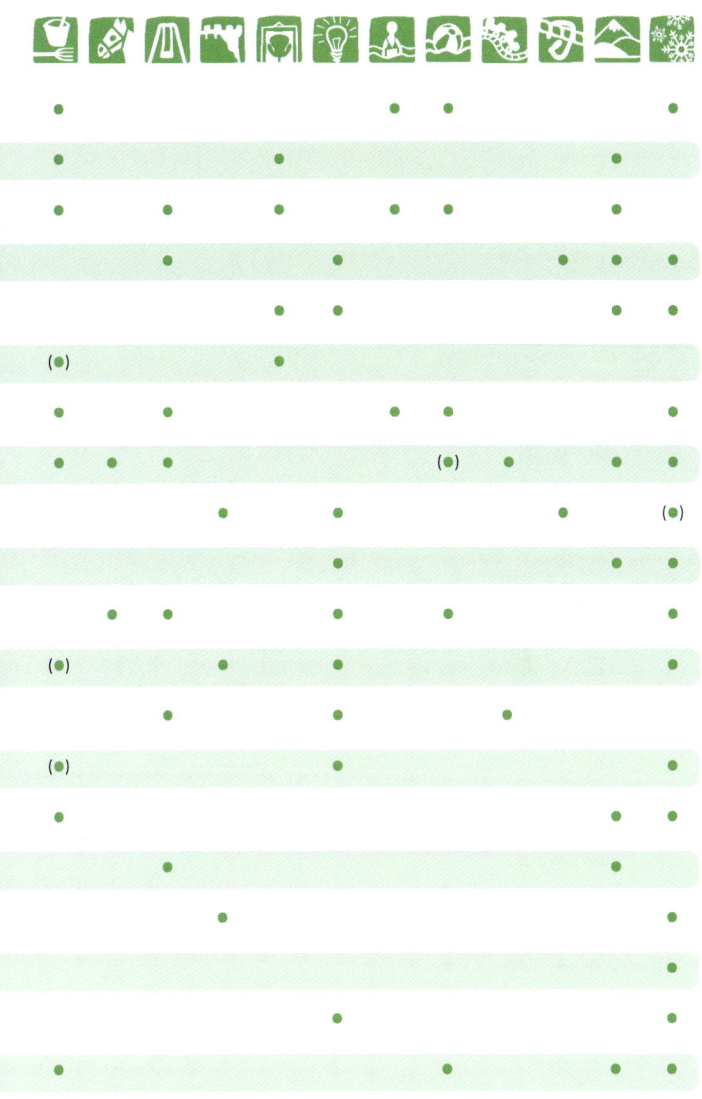

Tour			⏱	🚶	↕	👦	🚲	👶
21	mittel	Burg Reinhardstein	02:45	5,5	240	5		
22	leicht	Hohes Venn	02:00	5,5	50	4	●	●
23	leicht	Waldlehrpfad Heppenbach	01:30	3	↑110 ↓100	3		
24	schwer	Bayehon-Wasserfall	04:00	9	160	7		
25	schwer	Runde um Consdorf	01:45	4	114	6		
26	schwer	Schiessentümpel und Eulenburg	03:45	10	200	6		
27	leicht	Wasserfall Dreimühlen	01:00	3	31	3	●	●
28	leicht	Booser Doppelmaar	03:30	9	146	6		
29	mittel	Burgen von Monreal	01:45	4	152	6		
30	mittel	Dauner Maare	03:15	8,5	220	6		●
31	mittel	Gerolsteiner Felsenpfad	03:15	8	220	6		
32	leicht	Birresborner Eishöhlen	02:00	5	145	4		
33	mittel	Burg Eltz	04:30	12,6	328	7		
34	leicht	Kleine Kyll Manderscheid	01:45	4	↑91 ↓77	5		
35	leicht	Määrchen-Naturwaldpfad	02:00	4	45	3		
36	leicht	Lavabombe Strohn	01:00	3,5	↑66 ↓70	4		
37	leicht	Elfengrotte Bad Bertrich	02:00	5	60	6		
38	schwer	Calmonter Klettersteig	03:30	7	46	8		
39	schwer	Teufelsschlucht und Irreler Wasserfälle	04:00	6	230	7		
40	schwer	Butzerbachtal	04:15	10	332	7		

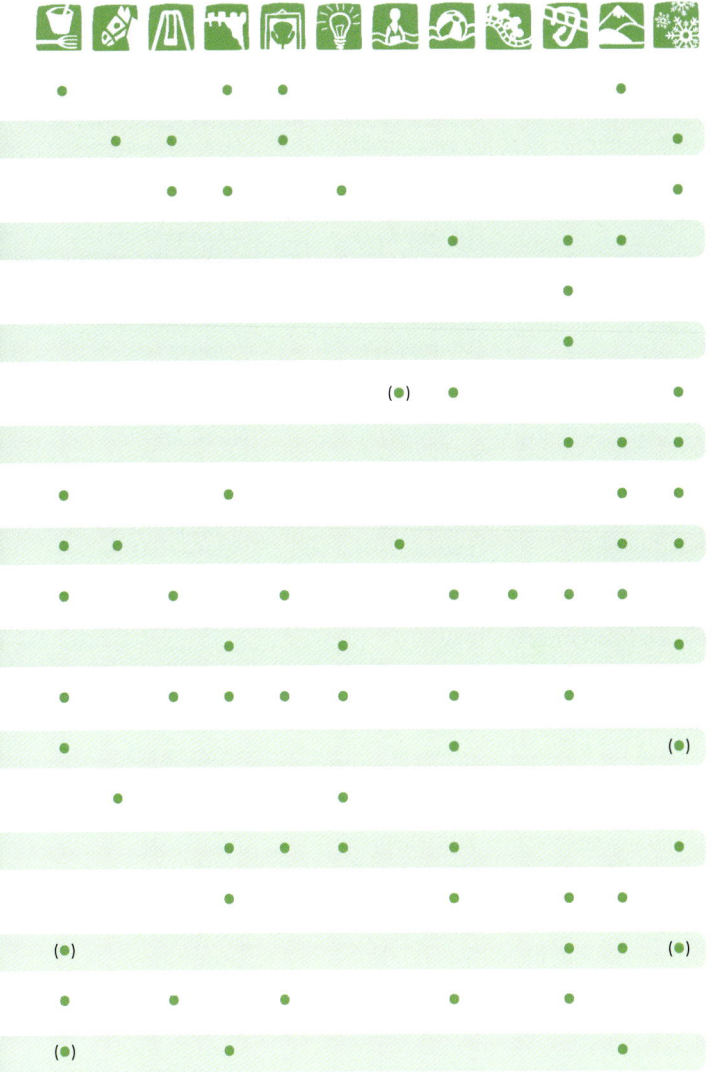

Register

Abenteuerspielplatz 47, 72 f.
Achtsamkeitspfad 156
Ahr 80, 83
Ahrquelle 84, 86
Ahrsteig 78, 80
Ahrtal 78, 84, 88
Altersangaben 11 f.
Amphitrion 175
Antoniusruh 171
Ardennen 108
Augen der Eifel 140, 142, 185

Bad Bertrich 168, 171
Bad Münstereifel 50
Barfuß- und Generationenpark 95
Bärlauch 91
Baumtelefon 113
Bayehon-Mühle 117
Bayehon-Wasserfall 114, 116
Besucherzentrum des Gerolsteiner Brunnens 145
Birresborn 148
Birresborner Eishöhlen 148, 150
Blankenheim 84, 86
Blindenschrift 34
Boos 135
Booser Doppelmaar 132
Booser Eifelturm 133 f.
Bruder-Klaus-Kapelle 42, 44, 76
Budderkammer-Felsen 124
Buntsandsteinfelsen 26 f., 29, 58
Buntsandsteinroute 26
Burg Eltz 152 f., 155
Burgenstieg 158
Burg Ramstein 182 f.
Burg Reinhardstein 104, 107
Butzerbachtal 180

Café Maus 88
Calmonter Klettersteig 172
Consdorf 118, 124

Dahlem 92
Damwildgarten 51
Dauner Maare 140

Déiwepëtz 118
Deutsch-luxemburgischer Naturpark 118
Diefenbach 65
Dinosaurierpark Teufelsschlucht 177
Dolomitfelsen 144
Dreiborner Hochfläche 38, 101
Dreimühlen 128, 130
Dronke, Adolf 142
Dürre Maar 163
Düvelskall 88, 90
Düvelssteen 88

Effel 26 ff.
Effelsberg 74
Eichendorff-Felsen 90
Eifelbad 51
Eifelmuseum 86
Eifelschleife 14, 47, 62 ff., 88 ff., 95
Eifelspuren 14
Eifelsteig 60 ff., 66, 143, 146
Eifelturm 132 ff.
Eifelverein 142
Eifel-Vulkanmuseum 142
Einruhr 30, 33
Elbesbach-Wasserfall 171
Elfengrotte 168, 171
Elzbach 153
Entdeckungspfad 26, 29
Entersburg 171
Erftstadt 22, 26
Erzabbau 58
Erzgrube 60 f.
Esel 141
Eulenburg 122

Fahrenbachtal 58
Ferschweiler Plateau 177
Fledermäuse 56 f., 150
Fossilien 70, 73
Fossilienfeld 73
Freibad 23, 158
Fulbertstollen 99

Galaxienweg 76 f.
Galgenlay 175
Gehzeiten 11 f., 14

Gemündener Maar 143
Genfbachtal 73
Genovevahöhle 182 f.
Geoacker 146
Geologischer Wanderpfad 83
Gerolstein 146
Gerolsteiner Felsenpfad 144
Gerolsteiner Brunnen 146
Golbach 61
Goldfralay 123
Goldkaul 123
Görresburg 73
Grubenfeld Stahlberg 60
Grüner Putz 66, 68

Hängebrücken 180
Hangmoor 92
Heidsmühle 156, 159
Heisterbacher Tor 53
Helenenquelle 144, 146
Heppenbach 112 f.
Hetsche Maar 163
Hetschenkönigin 160
Hirschley 34, 37
Hl. Johannes von Nepomuk 80
Hohe Acht 134 f., 184
Höhlen 14, 54, 150, 180
Holzmaar 160, 163
Holzpfad 94 f., 109

Irreler Wasserfälle 176

Johannistor 53

Kakushöhle 54, 57
Kall 58, 61
Kaller Milchweg 62
Kalkbrennöfen 72
Käsegrotte 168 f.
Kasselburg 146
Kinderspielplatz 30
Kinderwagen 30, 46, 53 f.
Klausenhöhle 183
Kleine Kyll 157
Kleine Luxemburger Schweiz 123
Kletterfelsen 26, 146
Kloster Steinfeld 62 f.
Kohlscheuer 121

190

Kraterweg 135
Kurpark 51, 53, 146
Kuttenbachtal 62
Laacher See 96, 184
Langfigtal 82 f.
Laufräder 14, 46
Lavabombe 132, 164
Lehrpfad 48, 62, 112
Liblarer See 23
Löwenburg 138
Löwenzahn-Erlebnispfad 70, 72

Märchen-Naturwaldpfad 160
Maare 135, 141, 163, 184
Maarmuseum 158
Märchen 152, 160, 163
Maria Laach 99
Marienhütte 156
Mayschoß 78, 81
Marktplatz 53
Martinshütte 76
Mäuseberg 142
Mechernich 45, 54
Milchstraßenweg 75, 77
Milchwirtschaft 62
Mitmachstationen 112 f., 148
Mofetten 97
Monreal 136, 138
Moorpfad 92
Motivation 13
Müllerthal 122 f.
Munterley 144

Napoleons Nase 104
Nationalpark Eifel 34, 38, 100 f.
Naturcampingplatz 72
Naturerlebnisdorf 70
Naturpark Hohes Venn 108
Naturparkzentrum Botrange 108
Naturschutzgebiet 92
Nettersheim 68 f., 70
Nez Napoléon 107
Nideggen 26, 29
Nitzbachtal 135
Nohner Mühle 128, 131
Nürburgring 133 ff.

Papenkaule 146
Philippsburg 136, 138
Pingen 61
Planetenweg 74
Prüm 179
Putzlöcher 180, 182

Radioteleskop 44, 74 ff.
Rammelay 124
Rech 78, 80
Ringelsteiner Mühle 153
Rittergang 118
Römer 66, 68, 72, 86, 180
Römerkanal-Wanderweg 66
Römerweiher 72
Römische Brunnenstube 68
Römische Wasserleitung 66, 68
Rotweinwanderweg 78, 80 f.
Ruine Saffenburg 78
Rurberg 30
Rursee 30, 33, 37

Saffenburg 78
Sammetbach 160
Schalkenmehrener Maar 141, 143
Schelmenlay 124
Schiessentümpel 122 ff.
Schifffahrt 30, 33
Schluchten 122, 177
Schmidtheim 95
Schneeberg 134
Schrock/Steinerberghaus 83
Schwarzes Kreuz 34
Sickerleitung 68
Signal de Botrange 109, 111
Silvesterhöhle 180
Stadtmauer 50, 53
Staumauer 104, 107
Steinbachtalsperre 46 f.
Steinfelderheistert 65
Strohn 164, 166, 185
Strohner Schweiz 164, 166
Stromberg 88
Stromschnellen 158, 179

Teufelsley 83
Teufelsloch 82, 89 f.

Teufelsschlucht 176 f., 179
Thelenshof 65
Themenwanderwege 74
Tiergartentunnel 86
Torfmoos 94
Totenmaar 141
Traumpfad 132, 135, 152
Traumpfad Monrealer Ritterschlag 138
Trekking 72

Urft 66, 72
Urfttalsperre 33
Üßbach 171

Vennbach 116
Viebig, Clara 140
Vier-Seen-Aussichtspunkt 175
Villeseen 22
Vogelsang 38, 41
Vulkan 88, 96, 132, 142, 146, 149, 184 f.
Vulkanhaus 164, 166, 185
Vulkanpark 99

Wachendorf 42
Waldfreibad 46, 48
Waldlehrpfad 112, 148 f., 176
Waldtheater 113
Warchetal 104, 107
Wasserfall 104, 107, 122, 128, 130, 158, 182
Wasserspielplatz 144
Wehrgang 53
Weinberge 78, 175
Weinfelder Maar 141, 143
Werther Tor 53
Wiersheim 155
Wilder Kermeter 34
Wilder Weg 37
Winzergenossenschaft 78, 81
Wollseifen 38 f.

Ziegen 141
Zumthor, Peter 42

Impressum

Verantwortlich: Stefanie Krüger
Redaktion: Daniela Hansjakob
Layout und Illustration: Eva-Maria Klaffenböck
Umschlaggestaltung: Ralph Hellberg
Repro: Cromika
Kartografie: Bruckmann Verlag GmbH, Heidi Schmalfuß
Herstellung: Alexander Knoll, Stephanie Schlemmer
Printed in Slovenia by Florjancic

Sind Sie mit diesem Titel zufrieden? Dann würden wir uns über Ihre Weiterempfehlung freuen. Erzählen Sie es im Freundeskreis, berichten Sie Ihrem Buchhändler, oder bewerten Sie beim Onlinekauf.
Und wenn Sie Kritik, Korrekturen, Aktualisierungen haben, freuen wir uns über Ihre Nachricht an den Bruckmann Verlag, Postfach 40 02 09, D-80702 München oder per E-Mail an lektorat@verlagshaus.de.

Unser komplettes Programm finden Sie unter

Alle Angaben dieses Werkes wurden vom Autor sorgfältig recherchiert und auf den neuesten Stand gebracht sowie vom Verlag geprüft. Für die Richtigkeit der Angaben kann jedoch keine Haftung übernommen werden, weshalb die Nutzung auf eigene Gefahr erfolgt. Insbesondere bei GPS-Daten können Abweichungen nicht ausgeschlossen werden. Sollte dieses Werk Links auf Webseiten Dritter enthalten, so machen wir uns die Inhalte nicht zu eigen und übernehmen für die Inhalte keine Haftung.
In diesem Buch wird aus Gründen der besseren Lesbarkeit das generische Maskulinum verwendet. Weibliche und anderweitige Geschlechteridentitäten werden dabei ausdrücklich mitgemeint, soweit es für die Aussage erforderlich ist.

Empfehlung der Redaktion
Sie sind auf der Suche nach weiterführender Literatur? Dann empfehlen wir Ihnen den Titel »Zeit zum Wandern Ruhrgebiet« von Silke Büttner. Oder Sie werfen einen Blick in die Zeitschrift »Bergsteiger«. Hier werden Sie bestimmt fündig.
Ihre Sabine Parschau

Bildnachweis
Alle Bilder im Innenteil und auf dem Umschlag stammen von der Autorin.
Umschlagvorderseite: Ein abwechslungsreicher Pfad führt auf den Mäuseberg. (Tour 30)
Umschlagrückseite: Kleine Pause am Wasser (Tour 1)

Die Deutsche Nationalbibliothek verzeichnet diese Publikation in der Deutschen Nationalbibliografie; detaillierte bibliografische Daten sind im Internet über http://dnb.d-nb.de abrufbar.

2. aktualisierte Auflage
© 2021, 2019 Bruckmann Verlag GmbH, Infanteriestraße 11a, 80797 München

ISBN 978-3-7343-1183-3